大夏书系·家庭教育

刘良华·著

Ruhe Rang Haizi
Xingge hao、Shenti hao、Xuexi hao

如何让孩子性格好、身体好、学习好

华东师范大学出版社
ECNUP

全国百佳图书出版单位

·上海·

目 录

专题2　九岁前后的规则教育

专题 3　十五岁前后的意志教育

父母的教育方式及其社会经济地位对孩子究竟有多大的影响？围绕这个问题，不少研究者做过相关调查研究。这里推荐三个有关家庭教育的调查研究报告：一是美国学者科尔曼（J. Coleman）提交的《教育机会均等》，一般称为"科尔曼报告"；二是英国学者威利斯（P. Willis）提交的《学做工》，一般称为"威利斯报告"；三是中国学者刘云杉提交的《精英的选拔》，可称为"刘云杉报告"。

一、科尔曼报告：影响孩子成绩的主要因素不是学校而是家庭

1966 年，美国学者科尔曼提交了一份特别的教育调查报告。这个调查研究的结果令美国人大吃一惊。在此以前，人们只知道美国少数族裔尤其是黑人学生的文化教育水平相对较低，而且越往后差距越大。调查结果却令人惊异地发现，尽管美国当时种族隔离的学校教育体系造成黑人孩子的学习成绩不如白人孩子的，但是影响黑人学生成绩的主要因素不是学校而是家庭。[1]与之相关的解释是：如果孩子在家里养成坏身体、坏性格和坏的生活习惯，

---

[1] [美]科尔曼.科尔曼报告[M].汪幼枫，译.上海：华东师范大学出版社，2018：355.

无论学校的校长和老师多么能干，他们也改变不了孩子在学校成为学困生的命运。

黑人学生也很想读大学，他们也曾经志向非凡，但缺乏持续努力学习的现实态度。黑人父母原本也希望孩子通过教育来改变命运，但是他们不能有效地将这种教育的兴趣和期望转化为对孩子学习的支持和辅导。这导致黑人的孩子在自信心、意志力和自我效能感等方面严重偏低，他们对环境和命运缺乏基本的掌控感。[1]

黑人孩子对环境和命运缺乏掌控感与自信，主要因为父母没有及时回应他们的期望和要求。在低反应家庭长大的孩子会认为他们勤奋学习、努力工作改变不了环境或命运。家庭一直在影响学生的自信心并间接地影响学生的成绩，而学校在自信心、意志力等方面的影响微乎其微。[2]

科尔曼报告发表之后，人们普遍相信，家庭的社经地位（socioeconomic status，简称 SES）与学业成就存在高度相关。尽管后来也有研究结果显示，家庭社经地位与学业成就只存在中度相关，且相关性越来越低。[3]

家庭的经济状况会影响孩子的学业成绩，这是一个事实。尽管存在"穷人的孩子早当家"的现象，但普遍而言，如果父母的经济收入较低，孩子的学业成绩就偏低；尽管存在"从来纨绔少伟男"的现象，但一般而言，如果父母的经济收入较高，孩子的学业成绩普遍较高。[4]

这并不意味着穷人的孩子就注定了成绩低下，因为贫穷本身就是重要的教育资源。如果父母处于谋生状态，孩子会较早体验父母劳动的辛苦和辛酸，增加改变命运、拯救家庭的责任感和使命感。不过，贫穷虽然是重要的教育资源，但也并非越贫穷越有利于孩子的成长。父母需要为孩子提供最基本的文化资料，尽量不让孩子陷入"人穷志短"的自卑深渊。

---

[1] [美]科尔曼.科尔曼报告[M].汪幼枫，译.上海：华东师范大学出版社，2018：345。

[2] 同上：396-400。

[3] White K. The Relation between Socioeconomic Status and Academic Achievement[J]. *Psychological Bulletin*,1982（3），417-453. Sirin S. Socioeconomic Status and Academic Achievement: A Meta-Analytic Review of Research[J]. *Review of Educational Research*, 2005（3）：417-453.

[4] 相关研究可参见：庞维国，等.家庭社会经济地位与中学生学业成绩的关系研究[J].全球教育展望，2013（2）.

一般而言，经济条件比较好的家庭有利于孩子的成长和发展。不过，也并非所有富裕家庭的孩子都有好的学业成绩，原因在于：富裕是一种高级的教育资源，但是高级的教育资源需要父母有高级的教育方法。西方人的经验是：培育一个贵族需要三代人的努力。相反，如果孩子因家庭富裕而四体不勤、傲慢虚荣，那么富裕不仅不是孩子成长的资源，反而成为孩子成长的祸害。中国的民间经验是：富不过三代。

遗憾的是，"富不过三代"这条民间古训几乎成为中国家庭教育的咒语，但比较富裕的家庭常常被这条古训不幸言中。

二、威利斯报告：工人阶级子弟为何继承父业

1977 年，英国学者威利斯的调查研究结果显示，在城市文化中，男子汉气概不仅不能帮助工人或农民的孩子提升个人实力，反而导致孩子难以适应城市文化，无法适应文化学习、学业成就低下，继而导致工人阶级的孩子只能"子承父业"。[1]

具有男子汉气概的学生之所以文化成绩低下，一个很重要的原因就在于：文明总是倾向于女性化。男子汉气概在乡村、工厂或乱世可能成为众人崇拜的对象，但在城市文化中不仅会失去用武之地，反而成为反城市文化、反学校文化的另类或笑柄。按照休谟的说法，现代教育就是使人变得文雅、殷勤、彬彬有礼，男子汉气概的勇敢只不过是属于"一切未开化的民族"的美德。[2]只有野蛮人才赞颂勇敢甚至崇拜强盗。[3]勇敢在城市文明中是被鄙视的。

威利斯报告显示，父母过于强调男子汉气概将导致孩子无法适应城市文化。日本学者三浦展在 2007 年提出，父母的礼貌程度将对孩子的学业成绩产生直接影响。三浦展的调查报告显示，成绩好的孩子，母亲比较有条理、

---

[1] 有关工人阶级子弟子承父业的讨论，详见：[英] 威利斯 . 学做工：工人阶级子弟为何继承父业 [M]. 秘舒，凌旻华，译 . 南京：译林出版社，2013：13—25.

[2] [英] 休谟 . 道德原则研究 [M]. 曾晓平，译 . 北京：商务印书馆，2001：96.

[3] 同上：107. 休谟的朋友亚当·斯密也持同样的观点。亚当·斯密认为，文明人崇尚谦让和灵活变通，这些品质在野蛮人那里被看成最不能原谅的女人气质。野蛮人崇尚勇气。详见：[英] 亚当·斯密 . 道德情操论 [M]. 蒋自强，译 . 北京：商务印书馆，1998：260—265.

又有趣。有条理且有趣的母亲，比较能养育出成绩好的孩子。成绩好的孩子，母亲通常是有计划且动作利落的人。父亲越认真、越有条理、越有礼貌，孩子成绩就越好。成绩不理想的孩子，饮食状况也比较混乱。成绩越差的孩子，越依赖便利店的食物。[1]

三浦展的建议是："父母能做的就是改善孩子的生活习惯。……要父母突然之间大量增加收入或许不太可能，更不用说突然提高自己的学历。既然如此，身为父母唯一能努力的，就是设法改善孩子的生活习惯。"孩子的生活习惯将影响孩子的成绩："成绩越好的孩子，个性越主动，同时比较会运动，朋友也比较多，但成绩差的孩子，不仅个性较被动，也很不擅长运动，同时朋友也比较少，基本上很爱打电玩。"[2]

科尔曼及三浦展等人的调查研究结果显示，如果孩子在家庭生活中没有养成"三好"（身体好、性格好、生活习惯好），这个孩子就很可能成为学校的"差生"。或者说，如果孩子在家里养成了坏身体、坏性格和坏习惯，那么无论学校的校长和教师多么能干，他们也很难改变孩子在学校成为"差生"的命运。

三、刘云杉报告：农村孩子为何很难考上重点大学

刘云杉等人对农村学生在北京大学中的比例做过调查研究。结果显示，1978—1998 年，家庭出身为农民的学生考上北京大学的比例在 20%~40%，20 世纪 80 年代，农村学生占 30% 以上。2000—2005 年，农村户口的新生比例在 15% 左右。北大农村新生比例下降始于 90 年代中期，2000 年以后，农村户籍新生的比例在 10%~15%。[3]

什么原因导致北大等重点大学的农村新生比例在 2000 年前后快速下降？

[1] [日] 三浦展 . 阶层是会遗传的：不要让你的孩子跌入"下流社会"[M]. 萧云菁，译 . 北京：现代出版社，2008：35-49.
[2] 同上：69-71。
[3] 刘云杉，等 . 精英的选拔：身份、地域与资本的视角——跨入北京大学的农家子弟（1978—2005）[J]. 清华大学教育研究，2009（5）.

主要原因在于，1990年前后，中国农村发生了一些新的变化。在1990年之前，农村的劳动者叫"农民"，城市里的体力劳动者叫"工人"。在1990年之后，中国农民大量离开农村涌入城市，他们获得了一个新身份——"农民工"。中国的"农民工"让北京、上海、广州、深圳等大城市迎来令世界震撼的高速发展，但也为此付出了代价。

中国一度有人提出"三农"问题，但是真正严重的问题是"三农"之外的"农民工"问题。"农民工"问题导致一代又一代的农村孩子因为没有父母的陪伴而失去在社会流动中获得更好发展的资源和机会。这个问题加剧了"寒门难出贵子"的社会固化现象。

农村学生考上重点大学的比例之所以在20世纪90年代中期开始下降，主要原因在于：在那个年代，不少地方出现"村庄空心化""农民老龄化"的现象。农村的父母远离家乡成为城市里的民工，只剩下老人和孩子留守农村，农村家庭教育接近崩溃状态。

不是说"老人是宝"嘛，为何老人教不好孙子？原因在于：如果孩子的爸爸妈妈在家里陪伴孩子，爷爷奶奶也在家里，三世同堂或者四世同堂，那么"老人是宝"的说法就是可靠的。因为孩子的父母往往倾向于严厉管教，爷爷奶奶往往倾向于宽松慈爱，严慈相济，正好可促成孩子的健康成长。可是，如果家里只有老人，父母长时间不在家里陪伴孩子，那么老人就无法完整地承担教育孩子的责任。

年轻的父母去城市打工原本是为了改善他们的生活条件，为了让孩子拥有更好的教育资源。殊不知，当年轻的父母把孩子交给祖父母而导致孩子失去父母的陪伴之后，孩子已经处于成长的弱势之中。

孩子在幼小的年龄就失去父母的陪伴将导致哪些严重的后果，这是本书将要重点讨论的问题。

如果说学校教育的主要责任是提升学生的学业成就和交往能力，那么家庭教育的主要责任则是"性格—身体本位"，并以爱与意志的训练来影响孩子的性格和身体。学校教育虽然也会影响孩子的身体和性格，但孩子是否身体好、性格好，主要取决于家庭教育。

在孩子成长的关键年龄，父母最好亲自陪伴，不要轻易把孩子交给祖父母或保姆。如果父母实在不能陪伴孩子，那么"事业型父母"和"谋生型父母"需要采取一些补救的办法。如果家长还没有让孩子做好入学的准备，就把孩子的成长完全交给学校，这是危险的。家长必须让孩子在入学前养成良好的生活习惯和学习习惯，并在孩子入学后持久地关注孩子的成长细节。

一旦有了孩子，做父亲或母亲的最好减少外面的应酬，下班之后尽快回家，和孩子在一起。即使不能长期地留守家庭陪伴孩子，至少在孩子成长的关键年龄，父母最好多陪伴孩子。孩子的祖父母或家庭教师也可以陪伴孩子，但任何他人都不能代替父母对孩子的陪伴。家庭环境是孩子的"后天遗传"，父母的教育方式、生活习惯一直在持续地影响孩子的成长。父母陪伴孩子意味着陪伴孩子一起吃饭，一起睡觉，一起游戏，一起做家务。同时，父母陪伴孩子也意味着培养孩子独立生活、自食其力的生活习惯。为了让孩子逐步过独立的生活，成为独立的人，父母需要过独立的生活。只有父母独立，才有可能让孩子独立，不能以爱的名义破坏孩子的成长。

陪伴孩子时，家长最好站在"性格—身体本位"这边，让孩子有足够的运动量和劳动量，性格好和身体好本身就有独立的价值。人的幸福与知识和学历没有直接关系，却与性格和身体有直接的关联。性格好和身体好除了增进人的幸福感之外，也以某种"看不见"的方式影响人的学习成绩。孩子的学习出了问题，根源可能在他的情感或身体上，不妨从孩子的情感或身体那里寻找解决问题的办法。父母苦口婆心地给孩子讲学习的重要性并责令孩子努力学习，类似园丁把水分和养料直接抛洒给"枯黄的树叶"。

学校教育多少会影响孩子的性格、智力和身体，但是对这些起决定作用的不是学校，而是孩子从父母那里接受的遗传因子和家庭教育。家庭教育是学校教育永远的背景和底色。孩子所接受的遗传因子和家庭教育一直在幕后操纵孩子的学校生活。

家庭教育和学校教育虽有连续性，但二者在教育方法和教育内容上仍然不同。学校的归学校，家庭的归家庭。家庭教育并非完全是为了让孩子做好入学的准备，它有自己的特殊目的。学校教育往往侧重学生的知识学习，站在知识本位那边；家庭教育则站在"性格—身体本位"这边，重点培育孩子的性格和身体，其理想是"文明其性格，野蛮其身体"。

专题 1

三岁前后的感性教育

不同的心理学家和教育学家对孩子关键年龄具体阶段的划分有不同的说法。中国人的经验是"三岁看大，七岁看老"。就是说，小孩在三岁前后的发展将影响七岁前后的性格，而在七岁前后将形成比较稳定的、伴随终身的性格。但是，就关键年龄而言，比较一致的看法是三岁前后、九岁前后和十五岁前后。

　　三岁前后是孩子感性教育尤其是情感、语感和动感发展的关键期。九岁前后是孩子规则教育的关键期。十五岁前后是孩子理性发展尤其是意志力发展的关键期。

　　孩子成长的关键期为什么是三岁前后、九岁前后和十五岁前后？相关的依据主要来自卢梭（J.Rousseau）的教育阶段理论、皮亚杰（Piaget J.）的发展阶段论和埃里克森（E. Erikson）的人格心理学。有关敏感期的讨论则主要参考蒙台梭利（M. Montessori）、洛伦茨（K. Lorenz）和哈罗（H. Harlow）的理论。

第一章　三岁前后的三个关键教育

在很多父母看来，三岁前后的孩子主要是长身体，几乎没有智力或感情的增长。比如，人们一般不指望三岁前后的孩子有逻辑推理能力、强大的数学计算能力，也不指望这个时期的孩子能够尊敬父母、遵纪守法。这样看来，三岁前后的孩子似乎既无智力，又无情感。但是，人们很难想象，三岁前后的孩子既长身体，更长智力和情感。

问题在于：人们更愿意关注孩子的身体发育而不那么关注智力和情感的发展。人们只知道，如果孩子在三岁前后处于饥寒状态，会导致身体发育受损。却很少有人关注，如果孩子在三岁前后没有人为之提供智力发展的必要刺激，这个孩子将终身"弱智"。如果孩子在三岁前后没有人为之提供情感依恋的安全感，这个孩子可能成为情感冷漠、薄情寡义的人，也有孩子因从小生活在冷漠的环境中而成为焦虑、暴躁、具有攻击性、敌视他人、偷窃或具有其他反社会行为的人。

三岁前后的孩子处于皮亚杰提出的感知运动和前运算阶段。[1] 这个阶段是婴幼儿情感、语感和动感的敏感期及发展的关键期。孩子主要通过看、听、触摸等感觉来认识世界。家庭教育的第一个关键期是三岁前后，尤其是"前三年"或"一千天"。[2] 值得关注的问题是：孩子究竟有哪些敏感期？在儿童的敏感期，家长和老师究竟应该为孩子提供哪些帮助和支持？

[1] [瑞士] 皮亚杰 . 皮亚杰教育论著选 [M]. 卢濬，译 . 北京：人民教育出版社，2015：2–7.

[2] [美] 布鲁姆 . 孩子，怎样爱你才对 [M]. 江水东，译 . 沈阳：万卷出版公司，2010：148.

一、情感：依恋关系与柔软的陪伴

对于三岁前后的孩子，情感是生死攸关之事。悠悠万事，唯此为大。不过，父母所要做的事情并不复杂，唯一重要的事情就是亲自陪伴，帮助孩子建立依恋关系。孩子需要成为独立而强大的人，但学会独立是九岁前后的事。在三岁前后，孩子需要跟父母及身边的重要他人建立依恋关系。要想学会独立，先要学会依恋。

（一）洛伦茨实验与情感的印刻现象

奥地利动物学家洛伦茨在动物研究中发现，刚出生的小动物往往追逐它最初看到的能活动的生物，并对其产生依恋的感情。

比如，小鹅刚出生第一天，它会把在面前移动的物体当作母亲。如果小鹅出生后见到的不是母鹅而是别的物体，它就会把那个移动的物体视为生母并愿意长期追随。如果在小鹅出生的当天，让一只母鸡在前面晃动，这群小鹅就会整天依恋这只鸡妈妈而不再理睬鹅妈妈。

洛伦茨把这种依恋现象称为"印刻"（imprinting）。[1] 实际上，他的老师海因洛特（O. Heinroth）已经发现了这种"印刻"现象。洛伦茨延续了其老师的研究主题并使"印刻"现象广为人知。1935 年，洛伦茨发表《鸟类生活环境中伙伴关系的影响》，对"印刻现象"作了详细的解释。[2]

洛伦茨做过一次实验研究：让人工孵化的小鹅出生时能够看到的唯一的活动对象就是洛伦茨本人。接下来，这些小鹅就像依恋母鹅那样，一直尾随着洛伦茨，以此寻求保护和安全感。而且，这些小鹅始终不与其他鹅合群。洛伦茨在另外的研究中发现，三岁之前尤其是半岁前后是孩子情感依恋"印刻"的关键期。孩子半岁时，他的情感变得比较专注，会专注于身边某个可能会发展出亲密关系的人而拒绝其他所有人。他会只对某个特定的、有亲密

---

[1] 详见：李长岷.印刻：心理学上的新见解 [J].西南师范学院学报，1982（3）：116-118.
[2] [奥]洛伦茨.动物与人类行为研究（第一卷）[M].李必成，译.上海：上海科技教育出版社，2017：125-126.

关系的人微笑，而对其他人开始"认生"。

按照洛伦茨的说法，孩子在这个时候开始将情感寄托于某一个人，而拒绝其他所有人。这个阶段如果发生在育儿所中，婴儿会开始把某个护士当成母亲并与之建立联系。这种萌芽状态的关系却因护理人员的日常换班被摧毁。这个不幸的宝宝只能怯生生地尝试交结下一个替代母亲。如果连这个也被夺走，他会对情感寄托逐渐失去信任。[1]

我本将心照明月，奈何明月照沟渠。最终，失去情感寄托的孩子会放弃母亲依恋。从此，他便拒绝来自所有同类的情感刺激，将自己的脸转向墙角，有些孩子还会变得自闭或走向死亡。

按照埃里克森的人格心理发展理论，零到一岁孩子的基本任务是寻求信任感。当婴儿发出需要的讯号之后得到外界（主要是母亲）的积极反应和支持，婴儿就会对外界（主要是母亲）表达信任。他会相信所处的环境是安全的，感觉周围的人是可信任的。孩子半岁前后开始"认生"，他会辨认周围的亲人或陌生人，寻求亲人并与之建立情感依恋关系。[2]

这是孩子建立自我同一性或自我认同感的开端。如果婴儿无法从周围的环境获得照顾与爱的支持，他就会对周围的人和物产生怀疑、恐惧，产生自我认同危机或同一性混乱。不信任也并非完全是消极的。相反，埃里克森认为不应该对任何他人都保持信任，不信任的感觉也是有意义的。正因为有了某种不信任感，孩子才会对潜在的危险保持警惕和预期，以免将来一旦遭遇挫折便束手无策。埃里克森认为，信任与不信任感要保持适度的比例，比较有利的人格发展状态是信任感多于不信任感。

（二）哈罗实验与柔软的情感陪伴

洛伦茨的印刻实验在美国心理学家哈罗这里得到延续。哈罗猴子实验再次证明情感发展的关键期及错过关键期的种种后果。

---

[1] [奥]洛伦茨.人性的退化[M].寇瑛，译.北京：中信出版社，2013：163–164.
[2] [美]埃里克森.童年与社会[M].高丹妮，李妮，译.北京：世界图书出版有限公司，2017：227–230.

年幼的"哈罗猴"被带到实验室。实验室里有两个"代理母亲"。一个布妈，一个铁妈。布妈由木头做成，圆柱状的身体，圆圆的脑袋，笑脸。布妈的身上包着有弹性的海绵橡胶，外面包上棕褐色的毛巾布，背后有一个发热的灯泡。铁妈也是圆柱形身体，背后也有发热的灯泡，但脸是扁扁的、方形，表情冷漠阴沉，眼睛是两个黑洞，身体表面覆盖了铁丝网。这个铁丝网适合攀爬，但不适合拥抱。可以想象，这里的布妈象征母亲，铁妈象征父亲。

当时主流的心理学观点是：婴儿不爱自己的父母，也不需要父母。他们之间唯一的关系是喂养关系。这个观点现在听起来很愚蠢，但当时有不少人相信。哈罗的实验对这个观点提出挑战。研究结果显示，铁妈虽然一身奶水，但幼猴并不喜欢她。

幼猴喜欢跟没有奶水的布妈在一起。猴子几乎将所有的时间献给了布妈。即便到铁妈那里吃奶，也会快速完成，然后回到布妈身边，抱着布妈，或者睡在布妈的身上。如果受到惊吓，小猴子会飞奔到布妈的身边，紧紧地抱着布妈。在哈罗和他的研究团队看来，食物虽然是必需的，但温暖的拥抱才是生活本来的样子。[1]

小猴子长大之后，被送回猴群之中。结果发现，那些长期由代理妈妈陪伴的猴子对同伴及异性缺乏兴趣。即便通过人工授精的方式怀孕，这些"哈罗猴"也对孩子没有母爱，甚至虐待、撕咬孩子。[2]

洛伦茨和哈罗等人的研究证明，幼猴或幼童的生长需要情感的发展，情感的发展是有关键期的。孩子需要基本的触碰、抚摸及肌肤相亲的快乐，由此建立情感依恋关系和学习技能。一旦错过关键期，孩子的情感发展就成为严重的问题并由此带来学习的困难。

奶虽然是基本的生存条件，但是孩子并不认为"有奶便是娘"。对于孩子来说，还有比奶更重要的生存条件。孩子除了需要奶，更需要情感依恋。

---

[1] [美] 布鲁姆. 孩子，怎样爱你才对 [M]. 江水东，译. 沈阳：万卷出版公司，2010：77-81.
[2] 同上：132-133。

如果孩子小时候缺乏足够的肌肤相亲、拥抱，缺少母亲的陪伴及与之相关的母爱，孩子在成长的过程中就会遇到种种障碍和困难。他可能四肢发达，但头脑简单。他可能呆呆地望天，或者傻傻地瞪着地面某个地方。他会放弃与他人交往，对任何异性都缺乏兴趣。由于缺乏正常的情感发展，其智力也会受到严重的影响。

有人做过抚摸的实验研究。实验研究人员在育婴室对婴儿进行抚摸，一天三次，每次 15 分钟。研究结果显示，经过抚摸的婴儿比其他婴儿成长快50%，也更清醒、更活跃。在一年之后的认知与动作能力测试中，接受抚摸的婴儿比没有接触抚摸的婴儿长得更结实、更聪明。后来，研究人员将抚摸用于成人的治疗。抚摸有助于睡眠，也有益于控制焦虑和免疫系统疾病，并由此影响人的身心健康。[1]

在哈罗研究之前，洛伦茨及其老师海因洛特已经发现了类似的现象及问题。如果采用人工的方式喂养鹌鹑，鹌鹑就会对其同类失去兴趣而更可能爱上人类的"养母"。[2]如果破坏了大自然安排的进程，人的成长尤其是情感发展就会受到伤害。

（三）情感冷漠及其后果

华生是美国心理学研究领域的风云人物，但是他的家庭教育理论却让美国众多家庭受到伤害，也伤及了孩子。在 1928 年出版的《婴儿与儿童的心理学关怀》中，华生对亲子之间的亲密关系提出警告：父母永远不要拥抱和亲吻儿童，永远不要让他们坐在你的膝盖上。如果必须这样的话，当他们说晚安的时候亲吻他们的额头一下，早晨起床后和他们握握手。如果他们出色地完成一项极为困难的工作，就在头上亲一下，以示赞扬。这样一来，你就会发现你可以多么轻松客观地对待他们，又不失你的慈爱，并会为以往那种

[1] [美] 布鲁姆 . 孩子，怎样爱你才对 [M]. 江水东，译 . 沈阳：万卷出版公司，2010：185.
[2] [奥] 洛伦茨 . 动物与人类行为研究（第一卷）[M]. 李必成，译 . 上海：上海科技教育出版社，2017：182. 这个发现也许可以引申出一个相关的假设：如果男孩从小由父亲陪伴，一直依恋或崇尚父亲，他长大后可能对异性不感兴趣。这个假设是否成立，尚待验证。

令人作呕、多愁善感的养育方式而感到彻底的羞愧。[1]

作为著名心理学家的华生，他的家庭教育理论在美国社会迅速产生影响。整整一代儿童，包括华生的孩子，都受其家庭教育理论的影响。华生的儿子回忆说，他的父亲从未对他和兄弟表达过爱的情感。

儿子对华生的描述是："没有同情心，在情感上无法沟通，从不表达自己的任何感受和情感。"他对父亲的家庭教育表达了愤怒："我认为，他不自觉地剥夺了我和我兄弟的任何一种感情的基础。他深深地相信，任何柔情和爱心的表达都会对我们产生不利的影响。他严格地贯彻着他作为行为主义者的那种基本哲学理念。他从未亲吻过我们，或者把我们当成儿童看待。"[2]

华生的孩子从没有想过要在身体上亲近父母，因为他们都知道，那是一个禁忌。后来，华生的两个儿子从青春期开始就得了严重的抑郁症。一个儿子自杀，另一个儿子精神崩溃，一直在与自杀冲动作斗争。华生的女儿多次自杀未遂。华生的儿子的女儿（华生的孙女）后来也自杀身亡，华生女儿的女儿（外孙女）则患有抑郁症，酗酒，常有自杀的念头。[3]

洛伦茨的印刻实验、哈罗的柔情实验及华生的情感模式给教育带来的启示如下。

第一，对幼儿来说，最好的教育就是父母亲自陪伴，不要以工作忙或其他任何理由拒绝陪伴孩子。

第二，培养孩子独立生活的能力是重要的，但就幼儿来说，过早独立会给孩子的成长带来严重的伤害。无论分床睡觉还是独立做事，都需要保持节奏，不必心急。

第三，孩子迟早需要开始学习知识，学会阅读和思考，但是对于三岁前后的幼儿来说，重要的是情感、语感和动感，不要过早地让孩子过理性的生

---

[1] [美]D. 舒尔茨，S. 舒尔茨. 现代心理学史 [M]. 叶浩生，杨文登，译. 北京：机械工业出版社，2014：297–298.

[2] 同上：298。

[3] 同上：298。

活。虽然游戏对幼儿的成长来说是最好的形式，但是需要警惕手机及电子游戏，不要让手机及电子游戏成为"哈罗猴"的"铁妈"。

尽管三岁前后的孩子有足够的潜力开始认字和阅读，甚至可以学习比较复杂的数学、物理、化学知识[1]，但父母最好不要让孩子过早地进行抽象的符号学习。有学习的潜力并非意味着可以过度开发潜力。

对三岁前后的孩子来说，在情感、语感和动感三者之间，情感是最重要的。在这个阶段，父母最好给孩子提供柔软、温暖的陪伴而不是让孩子感受到僵硬、疏远或冷漠。培养孩子的独立品质是需要的，但对于三岁前后的孩子来说，还没有发展到独立生活、独立做事的年龄。

在这个年龄段，孩子更需要拥抱、抚摸或亲吻（亲吻孩子的脸颊和额头）。在孩子三岁前后，最好适度放松，让他享受更多的自由、宽松、爱，接受父母的拥抱、抚摸和亲吻。三岁之后，逐步引导孩子学会独立生活。到了九岁前后，才开始正式培养孩子独立生活和独立做事的能力。

相反，如果让孩子在三岁前后就接受严厉的管教，没有让孩子与父母建立亲密的情感依恋关系，孩子长大之后就可能发生严重的情感危机。

二、语感：母语、外语与其他各种语言

与情感的敏感期相比，语感的敏感期似乎更容易被察觉，也更普遍地被重视。孩子三岁前后，如果有人陪他说话，其语言潜能就可能100%被开发出来。如果三岁前后没人陪他说话，五岁前后才有人陪他说话，他的语言潜能可能只有80%被开发出来。如果九岁才有人陪他说话，这个孩子可能会彻底丧失语言能力，一辈子都不会说话。有人称之为"潜能递减法则"。[2]

---

[1] 详见：2005年5月18日中央电视台《新闻调查》：《神童的成长》。
[2] [日] 木村久一. 早期教育和天才 [M]. 河北大学日本问题研究所，译. 石家庄：河北人民出版社，1979：195.

（一）关于母语与外语学习

在情感的敏感期，如果父母不陪伴孩子吃饭，不拥抱、爱抚、亲吻孩子，这个孩子可能终身孤独、自闭，对他人甚至异性不感兴趣。

在语言的敏感期，如果父母不陪伴孩子说话，不给孩子讲故事，不跟孩子呢喃细语，这个孩子不仅会成为不会说话的动物，而且因其语言功能的丧失而导致终身智力低下。

动物学研究也有类似的发现：虽然鸟可以演唱复杂而美妙的和声，但是"很多善歌型鸟类如果在其幼年阶段失聪而无法听见声音，就不能发出清晰的声调"[1]。与情感一样，语感对孩子的影响也是终身性的，错过敏感期，后患无穷。

语言与思维的关系（或语言与智力的关系）正是心理学研究领域一直关注的重要话题。在这个领域，两位心理学家贡献最大：一是瑞士心理学家皮亚杰，其专著是《儿童的语言与思维》；二是苏联心理学家维果茨基（Vygotsky L.），其专著是《思维与语言》。[2] 两人在语言与思维的关系问题上虽然提出一些不同的看法，但他们一致地关注了语言与思维（或智力）的关系。

他们的研究表明，如果错过了孩子的语言敏感期，孩子不只是语言技能不发达，更重要的是，孩子的思维或智力将成为问题。在孩子三岁前后，最好由父母亲自陪孩子说话。语言和情感是连在一起的，谁在这个年龄陪伴孩子，跟孩子说话，谁就将成为孩子在这个世界上的"亲人"。三岁之前，父母最好多和这个年龄段的孩子做游戏、讲故事、唱童歌。

三岁之后，父母可以带着孩子一起看儿童绘本，不仅能够陪伴孩子说话，而且可以引导孩子认字。孩子不仅对语言的声音系统敏感，他对语言的符号系统也是敏感的。这里的语言既包括母语，也包括外语，甚至包括数学

[1] [奥] 洛伦茨．人性的退化 [M]．寇瑛，译．北京：中信出版社，2013：95．
[2] 详见：[苏] 维果茨基．维果茨基教育论著选 [M]．余震球，译．北京：人民教育出版社，2004.
[瑞士] 皮亚杰．皮亚杰教育论著选 [M]．卢濬，译．北京：人民教育出版社，2015.皮亚杰和维果茨基在同一年出生，相互关注对方的研究，可惜维果茨基英年早逝，仅活了 38 岁。

语言（数学也是一种语言）。

有研究表明，外语学习的敏感期也是三岁前后。孩子越早学习外语，其发音越纯正、地道。[1]孩子一出生，就可以学习外语。婴儿可以同时学习两种不同的语言，同时学习两种语言的孩子最初会比只学一种母语的孩子的语言水平低一些、慢一些，但到五岁前后，孩子会熟练使用两种语言，可以根据需要在两种语言之间自由切换。

如果父母想让三岁前后的孩子学习外语，可以让孩子多看英文版的电影或电视剧。三岁前的孩子可以观看《天线宝宝》。幼儿园或小学低年级孩子可以观看《迪士尼神奇英语》或《狮子王》《玩具总动员》等"迪士尼系列"电影。小学高年级的孩子可以看《哈利·波特》《分歧者》等英文电影。中学生可以看《纸牌屋》《老友记》《白宫风云》《国务卿夫人》等英文电视剧。

不过，看电视会给孩子带来视力、睡眠及思维的伤害，即便为了学外语而看录像，也需要有所节制。

（二）关于数学与科学学习

数学也是一种语言，孩子三岁前后不仅是学习母语、外语的敏感期，也是学习数学的敏感期。如果让他多接触数字或做简单的计算，他会显示出令人惊奇的数学思维，用数学的方式看待这个世界。

不仅孩子有学习数学语言的潜能，能够发展出良好的数感，而且，绝大部分动物也有发达的数感。动物在爬行、飞行的过程中，对周围的空间距离及相关事物的数量有基本的判断。比如，当狼群在对羊群展开围攻时，狼群会计算羊群的数量，以及羊群吃草的时间，并作出展开围攻或静待时机的决策。同样，当孩子在三岁前后开始学会说母语时，他已经开始用数学的方式理解他周围的世界。

按照皮亚杰的说法，孩子在三岁之前还处于前运算阶段，两岁以前尚未

---

[1] 详见：[美] 伍尔福克.伍尔福克教育心理学 [M].伍新春，赖丹凤，季娇，等，译.北京：中国人民大学出版社，2012：22-23.

形成"永久性客体"观念。比如，把某物藏起来，孩子就认为它不存在。孩子之所以喜欢各类简单、夸张的"躲猫猫"游戏，与其永久性客体观念不够发达相关。孩子在两岁以前也不具备可逆运算的思维。比如，当一个杯子里的液体被倒入另一个不同形状的杯子时，孩子会认为一个杯子里的液体比另一个杯子里的液体更多。[1]

但是，前运算阶段既意味着尚未达到运算阶段，也意味着孩子正处于运算阶段的"前夜"或"邻近处"。正因为看到了运算阶段的"前夜"或"邻近处"的重要意义，维果茨基发展出一套不同于皮亚杰的学习理论，就是"最近发展区"理论。从"最近发展区"理论来看，父母可以引导三岁前后的孩子多跟数字打交道，做简单的计算，认识简单的几何图形。不要小看孩子数学能力和数感的潜能。孩子三岁前后正是学习简单的数学知识并由此建立数感的关键年龄。

有人认为，三岁前后的孩子可以尝试数数、接触几何图形和空间关系、进行简单测量。在这个阶段，培养孩子的分类意识尤其重要。可以通过颜色、大小和形状对物体进行分类。儿童使用归类和分类技能，帮助他们组织周围的世界。这两种技能萌芽于三岁左右，是孩子理解真实世界所必需的，可以采用逐步增加难度的方式发展孩子的归类和分类技能，以此增强孩子的数感。[2]

相关研究项目指出，这个年龄段的孩子在学习数学时有三个基本目标：初步感知生活中数学的有用和有趣；感知和理解数、量及数量关系；感知形状与空间关系。和幼儿一起寻找发现生活中用数字作标识的事物，如电话号码、时钟、日历和商品的价签等；引导幼儿了解和感受数用在不同的地方表示的意义是不一样的，如天气预报中的气温、钟表上的时间等；利用生活和游戏中的实际情境，引导幼儿理解数概念。

比如，结合生活需要，和幼儿一起手口一致点数物体，得出物体的总

---

[1] 详见：[瑞士] 皮亚杰. 皮亚杰教育论著选 [M]. 卢濬，译. 北京：人民教育出版社，2015：17–18.
[2] [美] 戴维·A·苏泽. 人脑如何学数学 [M]. 赵晖，等，译. 上海：上海教育出版社，2016：73–78.

数；为幼儿提供"按数取物"的机会，如游戏时，请幼儿按要求拿出几个球，购少量物品时有意识地鼓励幼儿参与计算和付款的过程等。用多种方法帮助幼儿在物体与几何形体之间建立联系，鼓励和支持幼儿用积木、纸盒、拼板等各种形状材料建构游戏或制作活动。如用长方形的纸盒加两个圆形瓶盖制作"汽车"。[1]

一旦孩子接触数字并建立起基本的数感，他们就可能发现一个新的世界。与真实的生活不同，数学是唯美的符号世界。数学世界甚至比真实的生活世界更美、更纯粹，堪称"天真无邪"。

三岁前后是孩子学数学和科学的敏感期，但并不意味着必须让孩子在这个年龄段学习高深数学。相反，如果过早让孩子学数学和科学等理性知识，会挤占和压制孩子情感与动感等其他方面的发展。

过早地发展孩子的理性，可能会对孩子的身体或性格造成比较严重的影响。理性疯长的后果是情感混乱、身体羸弱。又因为数学是唯美的符号世界，不少孩子可能长久地痴迷于数学世界而对真实的生活世界缺乏基本的兴趣，不愿意与人交往，甚至对异性不感兴趣。

也就是说，尽管三岁前后的孩子可以认识两千多个字和学习比较复杂的数学知识[2]，但父母最好放过孩子，不要让孩子过早地进行符号或理性知识的学习。《易经》曰："潜龙勿用。"

如果孩子在幼儿阶段就显示出对数学或物理、化学等自然科学的强烈兴趣，家长最好引导孩子做好两件事作为补充：一是增加户外运动；二是增加同伴交往。

（三）关于艺术语言的学习

除了母语、外语和数学语言，孩子三岁前后也是学习乐感和色感的关键期。只要音乐响起，孩子就会摇曳生姿，"手之舞之、足之蹈之"。孩子是天

---

[1] 详见：《3—6岁儿童学习与发展指南》。
[2] 详见：2005年5月18日中央电视台《新闻调查》：《神童的成长》。

生的舞者。若选择得当，有合适的、可模仿的歌曲，孩子亦可发出接近天籁的童音。

孩子之所以有丰盈的乐感，主要是因为一个人的成长复演了整个人类社会的漫长发展历史。处于婴幼儿阶段的孩子，大体相当于原始社会的原始人类。原始人类接近动物状态，保持了原始本能的少数民族也延续了这个自然状态中的美好潜能：能说话者皆能唱歌，能走路者皆能跳舞。

可惜，由于人类过于简单地推崇读书、识字，并将高科技作为文明的基本内容，高科技不但满足了人类偷懒的欲望，也使人类逐渐丢失了原始的本能与美好。

孩子拥有尚未被世俗文明污染的赤子之心，只要让他们置身自然的天籁之音，他们就能够发展出美好的乐感。所有美好的儿童歌曲和儿童舞蹈，几乎都是对鸟兽虫鱼的生活及天籁之音的延续和模仿。

同样，只要让孩子置身自然和谐的颜色而不是五光十色之中，孩子就能够发展出和谐、稳定的色感。因此，几乎所有卓越的童装品牌都保持了和谐、稳定的颜色。品牌童装的设计师们一致地遵守了童装颜色的基本规则。

第一，以暖色为主。常见的童装颜色是乳白色、鹅黄色，很少有深蓝色、墨绿色、藏青色等冷色。

第二，以中间色为主。常见的童装颜色是乳白色、浅灰色、淡蓝色、淡粉色，很少使用大片的红、黄、蓝三原色。几乎没有童装采用鲜艳刺眼的红色，鲜艳的红色适合运用于西班牙的斗牛场所，却不适合儿童的日常生活。

第三，以纯色为主。常见的童装颜色是纯净的淡绿色、浅灰色、淡粉色（适合女童装），即便偶尔采用黄色、红色，也少有色彩斑斓、令人眼花缭乱的花色。[1] 孩子小时候穿什么颜色的衣服，不仅影响孩子长大之后穿衣服的品位，而且影响孩子的色感和美感。

---

[1] 其实，童装的颜色也适用于成人服装。就成人服装而言，虽然冷色、三原色、混搭也是一种风格，但比较经典的颜色一直是暖色、中间色和纯色。

这样看来，父母在为孩子购买童装时，最好以暖色、中间色、纯色为主，尽量让孩子穿乳白色、鹅黄色、浅灰色、淡蓝色或淡粉色的衣服，不穿深蓝色、墨绿色、藏青色、大红、大绿的衣服，避开色彩斑斓、令人眼花缭乱的花色。《老子》第十二章云：五色令人目盲，五音令人耳聋，五味令人口爽。

三、动感：让手工、劳动和运动成为习惯

孩子有自己的生长节奏。针对现代教育普遍"提速"及父母普遍焦虑的现状，教育界有人提倡"教育是慢的艺术"。其实，好的教育只是"勿忘勿助"，既不可揠苗助长，也不要用慵懒的坏习惯压制和贻误孩子的生长速度。对于孩子的艺术天赋来说，更需要父母及时提供帮助和辅导。

（一）激发孩子的艺术天赋

在乡村的农闲季节，村民会自发地聚集，表演吹拉弹唱或琴棋书画，偶尔也有人吟诗作赋。村民以民间艺术打发闲暇时间，若无艺术特长，会选择喝酒或者打牌。

吹拉弹唱或琴棋书画，一般被视为业余爱好。喝酒或打牌，会被视为不良嗜好。其实，只要控制在适度的范围，有类似喝酒或打牌这样的嗜好，总比那些没有任何嗜好的人更好。喝酒或打牌的人可能没出息，但如果既无业余爱好也不喝酒或打牌，会显得更没出息。

不为无益之事，难遣有涯之生。人不仅为专业技能而活，也为业余爱好而活。成年人是否过得幸福，既取决于他的专业，也取决于他的业余爱好。而成年人是否有业余爱好，取决于这个人在童年时期是否发展了这些。

最好鼓励孩子在三岁前后就开始训练一门艺术或运动技能。某些艺术技能的学习虽然不至于越小越好，但也有敏感期和关键年龄。比如，学习钢琴的最佳起始年龄一般在五岁前后，打乒乓球的敏感期是六岁前后。如果错过敏感期及其关键年龄，孩子学习艺术技能或运动时就会比较困难。

在所有艺术项目中，书法是一个不错的选择，这需要父母有一定的耐心和激励的策略。很少有人天生喜欢书法，但对中国人来说，书法既是一种艺术，又可以作为考试的技能。从动作的敏感期来看，最好让孩子在小学阶段接受必要的书法艺术训练。

在音乐特长方面，家长最好引导孩子学会基本的唱歌和舞蹈技艺。唱歌和跳舞原本是原始人的日常生活情态，凡是会说话的就会唱歌，凡是会走路的就会跳舞。遗憾的是，现代人在追求现代科技文明时反倒遗忘和丢失了美好的歌舞传统，只有某些尚未被所谓现代科技文明完全覆盖的少数民族那里，唱歌和跳舞的传统一直延续下来。

按照人类学和心理学的"复演理论"，个体的发展总是复演人类的发展。个体的婴幼儿阶段类似人类的原始时期。原始人类善于唱歌跳舞，婴幼儿阶段正是唱歌跳舞的关键年龄和敏感期。只要家长善于保护和引导，几乎每个儿童都可以在婴儿和小学阶段快速学会唱歌与跳舞的技艺。

因此，家长最好在孩子的敏感期引导他在琴棋书画等方面有所专长。就乐器而言，比较常见的西洋乐器有琴类（主要是钢琴、电子琴）、拨弦类（比如吉他、电吉他）、木管类（比如双簧管、萨克斯管、巴松管、竖笛、长笛）、铜管类（比如小号、大号、长号）、弓弦类（比如小提琴、大提琴）、打击乐器类（比如大鼓、架子鼓）等。比较常见的民族乐器有古筝、二胡、笛、笙、箫、葫芦丝、唢呐、马头琴等。

选择艺术项目时，男孩和女孩往往有一些差异。比如，男孩更喜欢萨克斯管、吉他、架子鼓，而不太愿意接受古筝、黑管、长笛。女孩反之。

钢琴被称为现代家庭的标配。钢琴的确是不错的选择，不过就个性化或表演性而言，在钢琴之外，最好增加一个与之相关的可随时携带的器乐，如吉他、长笛、二胡、马头琴等。

对于成人而言，学习琴棋书画乃是艰难之事，但孩子在琴棋书画等方面有天纵之才。对于处于敏感期的孩子来说，琴棋书画与母语一样只是一种语言符号。一旦在琴棋书画等领域建立了语感，孩子就会迅速上手，心领神会，欲罢不能。

对于那些已经学会弹钢琴的孩子来说，比较常见的说法是："小学时我妈逼着我弹钢琴，因为我不喜欢。到了中学，我妈逼着我不要弹钢琴，因为我太喜欢。"[1]

在城市文化中，父母普遍关注的问题是：孩子什么时候开始学钢琴比较合适？虽然可以让三岁之前的孩子接触钢琴，但也只能是接触。三岁之前的孩子还没有长出小肌肉腱，手指缺乏力量，不仅按键艰难，而且会对手指造成损伤。

一般而言，孩子最好在四岁半或五岁开始弹钢琴，他们很快就会掌握钢琴的基本技能，而且会识简谱或五线谱。孩子对简谱或五线谱有天然的亲近感，而对于缺乏音乐素养的成年人来说，简谱并不简单，五线谱几乎就是天书。孩子不像成人那样用逻辑思维去对待简谱或五线谱，他们的长项是图像思维或整体感知。

如果错过四岁半或五岁这个关键年龄，九岁前后才开始弹钢琴，家长很可能会发现，他的家里从此多了一个"不动产"。不少家里虽然有一架比较高级的钢琴，但这架钢琴不是用来弹的，而是用来看的。当钢琴成为中产阶级的标配，它就可能成为一个摆设。

如果家里购买了钢琴，孩子不愿意弹钢琴怎么办？事后很难解决，只能事先预防。购买钢琴之前，家长最好先带孩子去朋友或同学家里观摩、体验，也可以带着孩子拜访钢琴老师，尝试接受钢琴老师的辅导。

初次接触钢琴时，最好寻找一个善于引起和激发孩子弹琴兴趣的老师，尽可能让孩子从弹琴的过程中找到游戏的感觉。孩子可能不喜欢弹钢琴，但一定喜欢玩游戏。

购买钢琴的三个原则是：在孩子没有弹钢琴的尝试和体验之前，不要轻易购买钢琴；在孩子没有弹钢琴的信心和决心之前，不要轻易购买钢琴；当孩子有了弹钢琴的体验和决心之后，最好让孩子亲自挑选和购买钢琴。

---

[1] 此案例由刘可欣同学提供，谨此致谢。

（二）发展孩子的运动潜能：孩子什么时候打乒乓球或游泳比较合适

如果说艺术特长主要有益于人的心灵，体育特长则主要有益于人的身体。无论艺术特长还是体育特长，两者皆有竞技效果，并由此增进个人的荣誉感与自信心。

虽然没有必要将艺术特长或体育特长的价值局限于竞技与竞赛，但艺术特长或体育特长的完整意义就在于：既给他人带来审美的享受，又让自己在竞赛中学会竞争与合作。

就运动而言，有些运动（比如散步）虽然也有健身的效果，但与竞技几乎没有关系。有些运动虽然也属于竞技类的运动，但可能受场地和季节的限制不那么具有竞技性，如游泳就不如球类运动更有竞技性。

男孩和女孩对球类运动往往有不同的选择。男孩往往会选择一些身体对抗型或力量型的运动，如篮球、足球、排球、网球。女孩往往会选择一些能够发挥身体灵巧性的运动，如乒乓球、羽毛球、毽球、跳绳等。

如果说艺术特长的基本标准是至少擅长一种器乐或会唱一首歌，那么运动特长的基本标准是至少擅长一项运动或会打一种球。

最好先让孩子以一个球类运动为主，以另外一两项运动为辅。比如，先学打乒乓球，然后触类旁通，顺便尝试打羽毛球、网球或棒球；或者，先学自由泳，然后旁及蛙泳、蝶泳和仰泳。

那么，孩子什么时候开始打乒乓球比较合适？

根据孩子的智力、体力、协调性和接受能力等综合因素，不少乒乓球特色学校建议的年龄是五岁半。[1]

如果错过五岁半或六岁，到十岁前后才开始打乒乓球，那么这个孩子打乒乓球的水平可以达到一项业余爱好，但很难接近专业水平。

孩子什么时候开始学游泳比较合适？

---

[1] 广州市清水濠小学是乒乓球特色学校。有关孩子最好在五岁半开始学打乒乓球的建议，来自容礼校长提供的资料。谨此致谢。

孩子一出生就可以开始学游泳。在出生之前，孩子已经在妈妈的子宫里有了将近十个月的游泳经历。孩子原本是水陆两栖动物，出生之后，跟水有某种亲缘关系。不过，从零岁就可以开始游泳并不意味着可以开始规范的游泳训练。

一般而言，可以在三岁前后开始游泳训练。如果指望孩子顺利掌握蛙泳、自由泳、蝶泳和仰泳等不同泳姿，就必须让孩子在三岁前后开始进行游泳训练。如果在九岁前后才开始学游泳，孩子就会学得比较艰难。

（三）保护孩子的劳动热情：三岁前后的孩子是工作狂

按照心理学家埃里克森的说法，孩子在三岁前后的基本任务是建立自主感。在这个阶段，孩子开始追求独立，要自己吃饭、做事、穿衣、走路、玩游戏等。如果父母或其他人支持孩子独立做事，让孩子在尝试错误中学习，孩子就会逐步发展出自我掌控感的自信心和意志力。相反，如果父母或他人过分控制孩子的自由活动，越俎代庖，或者孩子一旦出现错误就呵斥甚至惩罚，那么孩子遭遇多次失败和惩罚之后，就会产生自我怀疑和羞耻感。[1]

婴幼儿在建立自主感的关键期如果遭遇多次失败，就会彻底放弃自主尝试。其实，即便到了青少年甚至成年期，人在多次遭遇打击之后，也会产生习得性无助（learned helplessness）的绝望心理。成人的连续失败导致习得性无助，与婴儿因依恋失败导致孤独或自闭隐含了共同的心理学原理。[2]

三岁前后的孩子是工作狂，简直就是不怕苦不怕累、勤勤恳恳、任劳任怨的劳动人民。孩子的劳动其实就是孩子的生活，而孩子的生活就是孩子的游戏。儿童生活、儿童劳动和儿童游戏，三者"同出而异名"。

现代儿童玩具厂商开发了种种游戏的材料或道具，但是对孩子来说，最好的游戏材料就是家里常见的器物和劳动工具。家里任何一件器物或劳动工具，都可能成为孩子游戏的材料。

---

[1] 详见：[美]D. 舒尔茨，S. 舒尔茨. 人格心理学[M].张登浩，李森，译.北京：机械工业出版社，2016：104-108.
[2] 同上：433。

孩子会把所有的柜子都拉出来，然后把抽屉里的发票、证件、相片、钉子、锤子全部泼洒到地上。为了防止他翻箱倒柜，有些父母会把所有的柜子上锁，无法上锁的柜子就用绳子捆绑，不让孩子解开。

孩子翻箱倒柜其实是一种通过手认识世界的方式。给柜子上锁之后，父母成功地保护了柜子里的东西，孩子却从此少了一扇认识世界的窗口。

孩子会把沉重的椅子像蚂蚁搬家那样拖到另外的地方，然后借助椅子爬到桌子上去，再把桌子作为跳板，爬到窗台上去晒太阳。为了防止他摔倒，有些父母不得不挪动餐桌，把餐桌搬到另外一个比较安全的地方。

初生牛犊不畏虎，孩子无所畏惧。安全当然是重要的，但也没有必要因为安全而捆住孩子的双手、禁止孩子对世界的探索。

他会跟着父母一起洗碗，认为自己有权参与所有的家庭事务。他不仅要参与洗碗活动，还坚持按照自己的方式洗。

孩子用很小的手捏拿一只大碗在水池里面抖动。等到拿起来的时候，他很可能会把碗摔到地上。如果父母缺乏陪伴孩子的耐心，在孩子犯错之后，可能会呵斥："走开，别添乱。"但是有经验的父母总是相信：小孩不摔碗是长不大的。摔破一只碗，就长大一岁；摔破两只碗，就长大两岁；再摔破几只碗，就完全长大了（不要在一天之内把所有的碗都摔破就好）。

孩子会拿彩色画笔在墙上、椅子上、桌子上乱画。儿童的涂鸦有重要的生命意义和美学意义。智慧的父母不会阻拦孩子涂鸦，不会嫌弃涂鸦的不成熟。

三岁前后的孩子是一个工作狂，父母要保护孩子的劳动热情，因为孩子的劳动就是他的游戏和工作。

第二章　孩子三岁前后的宽松教育

三岁前后的孩子需要宽松教育。宽松教育至少意味着让孩子接受消极教育，不要过早开发智力；让孩子接受柔的教育，多一些自由，少一些规则；让孩子接受游戏教育，包括情感、语感和动感游戏。

一、消极教育：必须把时间白白地放过去

孩子在三岁前后是各种潜能发展的敏感期，但是有潜能并不意味着一定要在这个时候全部发展出来。潜能发展既需要考虑轻重缓急的顺序问题，也需要考虑取舍的代价问题。

（一）孩子潜能发展的轻重与缓急

如果潜能递减法则的说法是成立的，人们就有理由关注孩子的早期智力开发，不让孩子"输在起跑线上"。不过，没有必要夸大潜能递减法则的作用而过早地开发孩子的智力。潜能递减法则的积极意义在于：孩子的成长是有敏感期或关键期的。错过了这个关键期，孩子的某些潜能就无法发展出来。

但是，孩子的各种潜能发展还是有先后顺序和轻重缓急的。三岁前后，孩子需要接受的关键教育是情感、语感、动感等感性教育，这三种感性教育比读、写、算等理性教育更重要、更紧迫。若过早地发展读、写、算等理性教育，孩子的情感、语感和动感就会被压制、挤压，甚至发生扭曲变形。

比如，孩子三岁前后虽然也是数学或科学学习的敏感期，但从自然发展的顺序来看，应该让三岁前后的孩子优先接受"自然法"的教育，让这一阶段孩子的成长尽可能接近自然界的动物和植物的成长状态。自然界有自己的法则和顺序，人为的教育应该顺应自然法则，不能打乱自然的顺序。

因此，三岁前后的孩子需要靠近整个动物种类的学习习惯。自然界的其他动物普遍接受情感、语感和动感的感性学习，三岁前后的孩子也要接受情感、语感和动感的学习。

相反，如果让三岁前后的孩子超前学习数学或科学，孩子数学或科学学习的敏感期就会被过早、过度地激活。孩子的数学成绩可能比较出色，但其情感、语感和动感就可能受到压制和破坏。三岁前后的孩子已经具有数学或科学学习的潜能，但有些潜能必须像小树的树根一样隐埋在深处而不能过早地暴露和开发。

让三岁前后的孩子开始学习数学也许会有显著的效果，就是孩子到了小学和中学阶段会喜欢数学，甚至会成为数学神童。可是，由于违反了自然法，这个神童很可能会在大学或成人阶段突然厌恶数学甚至人生。违反自然法的典型后果是某个潜能被过度激活，而在情感、语感和动感等感性方面出现严重的危机。潜能被过度开发的神童现象存在的普遍问题是：社会情感脆弱，不善于管理情绪；语感节奏混乱，不善于用有条理的语言表达想法；身体动作笨拙，甚至厌恶运动。

单向度地开发三岁前后孩子的智力，就会破坏孩子自然发展的节奏。这正是卢梭的教育思想被人反复记忆和引用的原因。在卢梭看来，孩子在三岁时就要长得像三岁的样子，父母不要扰乱孩子生长的秩序，不要"干蠢事"。他的说法是："大自然希望儿童在成人以前就要像儿童的样子。如果我们打乱了这个次序，我们就会造成一些早熟的果实。它们长得既不丰满也不甜美，而且很快就会腐烂：我们将造成一些年纪轻轻的博士和老态龙钟的儿童。"[1]

---

[1] [法]卢梭.爱弥儿（上）[M].李平沤，译.北京：商务印书馆，1978：91.

卢梭建议，父母应该遵循孩子生长的自然顺序，先丰富孩子的感性，再发展孩子的理性。没有谁比那些受过许多理性教育的孩子更傻的了。在人的一切官能中，理智这个官能可以说是由其他各种官能综合而成的，因此它最难于发展，也发展得迟。但是有些人还是执意要用它去发展其他的官能。人们企图用理性去教育孩子，简直是本末倒置，把目的当作手段。[1]

如果说潜能递减的忧虑及早期智力开发所追求的是积极教育，卢梭倡导的就是消极教育。卢梭呼吁，应该大胆地提出一个最重要和最有用的教育法则。这个法则就是：不仅不应当争取时间，而且还必须把时间白白地放过去。在他们的心灵还没有具备种种能力以前，不应当让他们运用他们的心灵。所以，最初几年的教育应当纯粹是消极的。它不在于教学生以道德和真理，而在于防止他的心沾染罪恶，防止他的思想产生谬见。卢梭认为，你开头什么也不教，结果反而会创造教育的奇迹。[2]

消极教育尚有另一种意义：无论父母多么有责任感，并不能解决孩子的所有问题。有些问题是父母无法解决的，只能交给时间去解决。比如，婴儿哭闹有时是因为肠子痛。如果孩子因为肠子痛而哭闹，那么无论父母如何努力安慰他，都不会让他停止哭闹。父母越安慰他，他反而会越生气。这时候，父母可以想办法尽可能减轻孩子的哭闹。如果所有的办法都不管用，你完全可以把宝宝放到他的小床里，让他哭一会儿，自己平静下来。[3]

（二）灵性的发展优先于智力的发展

在孩子三岁前后，父母的主要任务不是开发孩子的智力，而是保护孩子的灵性。孩子的灵性通过三个途径得到滋养：一是感性教育；二是足够睡眠；三是亲近自然。

三岁前后的情感、语感和动感之所以重要，是因为它们可以发展这个年龄段孩子的灵性。相反，如果三岁前后的孩子没有跟亲人建立情感依恋关

---

[1] [法]卢梭.爱弥儿（上）[M].李平沤，译.北京：商务印书馆，1978：89-90.
[2] 同上：96。
[3] [美]斯波克.斯波克育儿经[M].武晶平，等，译.海口：南海出版公司，2007：80.

系，没有开发语言潜能，没有发展出心灵手巧的手工技能，那么孩子就会显得笨手笨脚、呆头呆脑、木讷迟缓。

孩子的灵气不仅取决于情感、语感和动感等感性教育，还需要有足够的睡眠。在消极教育的种种途径中，最具消极意义的途径是足够睡眠。在深度睡眠中，孩子将接受自然的馈赠，采天地灵气，集日月精华。睡眠不够的孩子不仅身体受损，脑力及其思维也会混乱而脆弱。

就灵气和直觉而言，现代人不如古代人，古代人不如自然人。亲近自然的人，就会从自然中汲取灵气。父母须尽早培养孩子亲近自然的生活习惯，最好让孩子多接触花草、山水、天空和大地。

除了足够睡眠和接触自然之外，更重要的是让孩子接受足够的感性教育（包括情感、语感和动感），避免过早、过度开发孩子的智力。过早、过度进行知识教育是现代人生命力衰弱的元凶，不仅导致体力衰微，而且脑子混乱。如果父母不能在学前教育之前让孩子足够睡眠、亲近自然，不能让孩子接受情感、语感和动感的教育，孩子长大之后，无论如何刻苦勤奋，终究会因根基不牢而导致后劲不足。

这里存在两个貌似矛盾的教育原则：既要为敏感期的儿童提供足够的情感教育、语言教育和身体运动教育，又要尽可能为敏感期的儿童提供消极教育，避免积极教育给孩子带来过早或过度教育的伤害。

化解这个表面矛盾的基本途径是：尽可能为三岁前后的儿童提供自然教育。所谓要为敏感期的儿童提供足够的情感教育、语言教育和身体运动教育，是说孩子在三岁前后处于情感、语言和动作的敏感期，父母应该顺其自然，让孩子在自然状态中学会与他人（尤其是父母）建立情感依恋关系，不压抑孩子的情感欲望；让孩子在自然状态中学会说话，不压制孩子的语言潜能；让孩子在自然状态中学会运动，不阻止孩子的运动潜能。

孩子有自然的生长节奏。就此而言，父母需要发展出一套"不着急"的教育理论。不过，尊重孩子的生长节奏，既意味着不要揠苗助长，也意味着不要用慵懒的坏习惯压制和贻误孩子的生长速度。

（三）"神童的成长"及其后果

家庭教育领域一直有人重视早期教育，尤其重视早期智力开发，但教育界一直有人对超前教育、早期智力开发提出质疑。如果学习压力过重，幼儿的大脑会不堪重负，精神也会萎靡不振，对事物缺乏兴趣和好奇心，整体发展产生紊乱。[1]

2005 年 5 月 18 日，中央电视台《新闻调查》节目播放了《神童的成长》的故事。这个神童四岁开始读小学，三年时间完成小学六年的课程，八岁时进入中学学习，十三岁开始读大学，十七岁就考上中科院硕博连读。后来，因缺乏基本的生活自理能力，"神童"被劝退回家。[2]

这个故事既可以作为积极教育（早期智力开发）的成功个案，也可以作为提倡消极教育的一个理由。

中国家庭教育图书市场一度出现几本"著名"（"著名"不同于"名著"）的读本，比如《卡尔·威特的教育》《和儿子一起成长》《哈佛女孩刘亦婷》《我的事业是父亲》等。问题在于：如果家长模仿这些"成功"的案例而为孩子提供早期智力开发，如何避免类似《神童的成长》所出现的种种后果？如何避免由于智力的超前开发而挤占、压迫孩子人格与身体的发展？

在早期智力开发和消极教育之间，父母可以考虑三个简单的原则：一是身体好，有足够的运动。每天至少运动两个小时，最好有一个小时以上的户外运动。二是性格好，有足够的交往。不仅跟亲人交往，最好有同龄伙伴之间的社会情感交往。身体好和性格好高于和优先于智力开发。在身体好和性格好的前提下，可以适当进行智力训练。三是感兴趣，孩子愿意学习而非强迫学习。三岁前后的孩子尚未发展出理性和意志力，体力也比较弱小，这个阶段的孩子只适合非功利的、非强迫的游戏学习，包括情感游戏、语感游戏和动感游戏。即便让孩子识字或跟数字打交道，也没有必要追求认字的数

---

[1] 刘晓东. 解放儿童 [M]. 北京：新华出版社，2002：15.

[2] 详见：央视新闻调查. 神童魏永康讲述成长的烦恼（图）[EB/OL].http://news.sina.com.cn/e/2005–05–18/14016678531.shtml.

量，并非认字越多就越聪明，没有必要强迫孩子识字或做大量的数学计算。

二、柔的教育：多一些自由，少一些规则

三岁前后的孩子需要宽松教育。宽松教育的基本策略包括：（1）尽可能由母亲陪伴孩子，让孩子从母亲那里接受柔软的陪伴，由此建立正常的情感依恋关系。（2）让孩子自由生长，尽量不要给孩子制定太多的规则和规矩。（3）参加朋友交往活动，逐步增加社会情感学习。

（一）柔软的陪伴：孩子三岁前后，母亲比父亲更重要

三岁前后的孩子需要发展情感、语感和动感，这三个项目正好是母亲的特长。比较而言，母亲比父亲更重视感情，更有语言技艺，更擅长手工技能。

母亲这三个特长正好用来发展孩子的情感、语感和动感。因此，对于三岁前后的孩子，母亲比父亲更重要。

不是说母亲只有感性而没有理性、不讲道理，也不是说父亲只有理性而不重视感情，而是说，母亲比父亲更重视感情。由于母亲承担了怀孕、分娩的责任，往往比父亲更亲近孩子，更愿意无条件地接纳孩子。

因此，汉语有母校、母亲河、祖国母亲等意象，而无父校、父亲河、祖国父亲之说。中国孩子在中小学写作文时，也往往写"我的母亲"，很少写"我的爸爸"。

在写父亲的文章中，比较著名的是朱自清的《背影》。但是，在朱自清的《背影》里，那位父亲更像一个慈爱的母亲，而不像传统的父亲形象。也许，朱自清在写《背影》这篇文章时，原本就是对自己孩子实施过于严厉的教育之后的某种反思。

受到惊吓时，西方人往往呼喊："Oh, my god!"中国人会呼喊母亲："啊，妈呀！"几乎没有人在受到惊吓时呼喊："啊，爸呀！"

中国人受到惊吓时为什么只呼喊母亲而不呼喊父亲？中国人的集体无意

识可能认为，父亲代表坚硬如磐石的理性，母亲才代表柔软的情感。

（二）抚摸、拥抱和亲吻

父母可以少"抱"孩子，但必须多"拥抱"孩子，让孩子听到母亲或父亲的心跳，感受母亲或父亲的体温。

如果没有母亲的陪伴，缺少拥抱、抚摸、亲吻等亲密的接触，孩子将无法建立情感的依恋关系。

有资料显示，尽管有足够的营养，孤儿院婴儿的死亡率还是很高。尽管有足够医疗看护，住院儿童还是经常患上呼吸道感染及不明原因的发烧，身体发育迟缓。[1]

婴幼儿成长需要足够的自由，他们长大了需要有规矩意识，遵守规范和法制，但是婴幼儿的教育不必过于严厉。可以对三岁前后的孩子适当纵容，不要有太多的规矩、规则、规范。对三岁前后的孩子实施严厉教育的后果是，孩子会变得懦弱、胆小、没主见、没主张、没头脑，遇事躲闪、犹豫。因此，当年轻的父母对孩子的要求过于严厉时，孩子的祖父母可能会站出来说："不必这样，他还是个孩子。"虽然纵容是不好的，但在孩子三岁前后可以让他有更多的自由。

孩子三岁之后尤其是三到六岁之间，需要逐步引导孩子建立规矩。如果孩子到了六至九岁，父母或者祖父母依然以孩子年幼无知为借口，纵容孩子的无礼与胡闹，"他还是个孩子"这句话就会毁掉孩子的成长。但是，在三岁之前，父母对孩子"没有规矩"不必过于紧张。三岁之前是人生中可以没有规矩的年龄。

（三）参加朋友交往活动，逐步增加社会情感学习

三岁之前是孩子"扎根"的年龄，树根需要埋在地下，并不需要抛头露面，只待静悄悄地生长。三岁之前的孩子需要保持一定的封闭性，不要强迫

---

[1] 详见：[美]格里格，津巴多.心理学与生活[M].王垒，王甦，等，译.北京：人民邮电出版社，2003：310.

他认识太多陌生人，也不要外出旅游，最好少带他参加社会交往活动。带三岁之前的孩子外出旅游不仅可能会因孩子的吵闹影响他人的休闲心情，也会给孩子本人带来困扰或伤害。

三岁之后，父母可以适度增加孩子的社会交往活动，鼓励孩子参与各种同伴交往，逐步发展孩子的社会情感。孩子的社会交往活动主要包括同伴游戏。同伴游戏有多种好处，其中一个重要的好处是发展孩子的社会情感学习能力。

父母最好鼓励三岁之后的孩子主动邀请同伴来家里聚会，也可以鼓励孩子参加同伴的聚会邀请。比如，可以鼓励三岁之后的孩子邀请其他朋友参与生日聚会，也可以鼓励孩子参加朋友的生日聚会。

除了参加一些有仪式感的聚会，更重要的社会交往是参与日常的游戏活动。对于儿童来说，游戏就是最好的学习。它不仅有助于孩子的智力发展，而且有助于发展孩子的社会情感。亲情已经是一种社会情感，但是相比之下，友情比亲情具有更多、更深刻的社会情感意义。

友爱不仅可以强化亲情，而且可以为将来的爱情作准备。如果缺乏友情的支持，孩子与父母之间的亲子关系及将来的婚姻关系都会出现裂缝，甚至出现严重的冲突。

三、游戏教育：情感、语感和动感游戏

三岁前后的孩子处于无忧无虑、天真无邪的状态。他与整个世界融为一体，没有边界意识，没有规则意识。在三岁前后，孩子时常不可理喻地胡闹，完全没有秩序感和制度感，不理会所谓的传统、习惯和规则。《西游记》里面有一段话恰当描述了三岁前后孩子的天然样式：齐天大圣到底是个妖猴……只知日食三餐，夜眠一榻，无事牵萦，自由自在。今日东游，明日西荡，云去云来，行踪不定。

三岁前后是人的一生中最自由，也被允许自由的阶段。在这个阶段，孩子最重要的生活就是游戏。孩子将生活与游戏视为同一件事情。总体而言，

孩子的游戏主要有三个类型：一是情感游戏，如要求亲吻、拥抱、牵手；二是语感游戏，如听故事、听音乐；三是动感游戏，如猫躲躲、跳绳等。

（一）情感游戏

三岁前后的孩子把情感依恋及安全问题视为首要任务，所以家长最好通过情感游戏的方式，让孩子获得情感和安全感的满足。

三岁前后的孩子特别渴望得到家长的亲吻、拥抱、牵手和一起睡觉，这是孩子情感发展过程中的重要养料。对孩子来说，亲吻、拥抱、牵手和一起睡觉甚至比吃饭还重要。小时候缺乏父母亲吻、拥抱、牵手、一起睡觉的孩子，长大之后就会缺少柔情，甚至会因为缺少安全感而容易焦虑、暴躁、不安。

父母最好每天有机会亲吻、拥抱孩子，让孩子在与父母相互亲吻、拥抱的过程中完成身体独立与依附的互动关系。为了减少细菌传染，父母亲吻孩子时，最好亲吻孩子的额头、脸颊、眼睛、鼻子、胳膊等不容易传染病菌的部位，尽量减少嘴唇之间的亲吻。

如果有条件，父母和孩子最好一起到户外散步，让孩子感受大手牵小手的亲密关系与安全意识。一旦父母牵着孩子的小手到户外，孩子对外面的世界感到好奇，就会产生融入自然、探究自然的欲望。天伦之乐既可能发生在比较封闭的家里，也需要有必要的户外经验。带孩子从自家的房子走向户外的自然，有利于培养孩子的独立精神与探究兴趣，培养孩子的自然意识与自然智慧。

除了亲吻、拥抱和牵手外，孩子需要与父母一起睡觉。究竟应该与孩子同床睡觉还是分床睡觉，不同的父母有不同的选择，但从培养情感依恋关系的角度来看，让孩子与父母同床睡觉更有助于强化孩子的安全感。

三岁之后，孩子也会自己开辟情感游戏的项目，比如会玩"过家家"的游戏，扮演爸爸或妈妈的角色，让其他人或枕头扮演爱人或孩子。

情感游戏其实是孩子与父母之间的精神脐带。孩子出生之后，离开了母体，剪断了脐带，但与父母之间依然存在比较美妙的精神脐带。父母可以引导孩子逐步独立，长大的过程就是逐步独立的过程，但不必指望孩子过早地独立，也不必过早地剪断孩子与父母的精神脐带，否则会给孩子的成长带来人为的破坏或伤害。

（二）语感游戏：听故事和讲故事

语感游戏主要是听故事和讲故事。如果将外语、音乐、数学、舞蹈等项目视为语言，这也是可以的，只是对于三岁前后的孩子来说，最重要的语言是母语。因此，父母最好给孩子讲故事，让孩子在听故事的过程中学会与父母保持语言上的情感交流关系。

最好的故事是祖辈口耳相传的故事。语言的第一性是口语，最初的故事就是口耳相传的故事。不过，仅依靠祖辈传下来的故事往往不够，需要父母亲自创作、改编故事满足孩子听故事的需要。创作和改变故事并不难，难的是父母要有爱心和耐心。孩子不在意父母讲的故事是真实的还是虚构的，因为他们把所有的虚构故事一律当作真实的。这给父母创作或改编故事留下了开阔的空间，在创作和改变故事时几乎可以为所欲为，不必担心自己缺乏讲故事的能力。

父母创作或改编故事时，唯一需要考虑的是：既要讲一个比较有趣的故事，也要让这个故事有利于发展孩子的性格，比如要善良、诚实、讲信用，承诺了就要兑现，不要撒谎，否则会有不好的后果；要勇敢、有意志力，不要胆小、懦弱，胆小懦弱会坏事，也会被同伴嘲笑；要机智、聪明、智慧，要学会当机立断，不要糊涂、没主见、优柔寡断。

如果祖辈口耳相传的故事及自己创作、改编的故事都不够用了，就可以考虑启用阅读。最初可以借用"大书少字"的儿童绘本，再逐步扩展到一般意义上的童话故事。尽管历史故事、成语故事比儿童绘本、童话故事更真实，但是由于儿童更愿意把动物和植物视为同类而将成人视为异己的力量，在启蒙阶段，最好多读一些儿童绘本与童话故事，少读一些真实的历史故事。

强调儿童绘本与童话故事的重要性并不意味着给孩子讲真实的历史故事

就一定不利于孩子的情感和语感发展。对于三岁前后的孩子来说，最初可以多一些儿童诗歌、儿童绘本和童话故事，到了九岁前后，可以逐步增加成语故事、历史故事和类似"四大名著"的经典小说，让孩子逐步由阅读虚构的童话故事转向阅读真实的历史故事。

孩子在听故事和讲故事的时候会关注故事情节，但也会顺便体验什么是好人及什么是坏人。孩子也会在听父母讲故事的过程中逐步学会自己阅读故事、讲故事和创作故事。孩子进入正式的学校生活之后，需要学会写作文，父母讲故事及自己阅读故事和讲故事的经历，会让他在写作文时更加顺畅。孩子写作文不过是用文字把自己要讲的故事写出来而已。

语言是思维的载体。语言游戏其实大量地承载了智力游戏的功能。三岁前后的语言游戏是听故事、讲故事、读故事、改编或创作故事。等到孩子长到九岁前后，这种语言游戏就会逐步发展出丰富的智力游戏，如猜谜语、制作谜语、背诵或创作古诗词、编制电脑程序、做科学实验等。

（三）动感游戏

除了情感游戏、语感游戏之外，三岁前后的孩子更愿意参与动感游戏。动感游戏主要包括运动游戏、艺术游戏和劳动游戏。

孩子往往愿意参与各种运动游戏。生命在于运动，孩子天生地乐于运动。父母需要给孩子提供游戏的伙伴和场地。三岁之前，可以鼓励孩子爬行、直立行走，在床上或沙发上"蹦极"，或者在空地上玩"迎接"游戏。比如，让孩子离开父母十米或二十米，父母蹲下来，让孩子朝父母跑过来，等到孩子快要来到父母身边时，父母突然抱住孩子，轻轻悬空，转动两三圈。孩子需要站立在大地上才有安全感，悬空之后会带来游戏的刺激。

三岁之后尤其是六岁前后是孩子玩游戏的高峰期。父母可以鼓励孩子逐步学会滑冰（滑旱冰）、跳绳、打乒乓球、打篮球、打羽毛球、踢足球、踢毽球、猫躲躲、打陀螺、滚铁环等。儿时的运动游戏可能会成为一辈子的业余爱好。让孩子拥有业余爱好需要一个美好的开端，最好从幼儿开始。所谓幸福生活，就是拥有自己的业余爱好。

现代游戏主要为电子游戏，但其主要利用声光电的方式过度开发孩子的感官刺激，这种游戏会给孩子的视力及心智带来损伤。

除了运动游戏外，父母可以鼓励孩子参与书法、绘画、弹琴、唱歌、舞蹈、双簧管或萨克斯管等艺术类游戏。这些游戏需要掌握一些基本规则和技巧，但最初阶段最好多一些自由与激励，少一些严苛的规则与要求，不要一开始就让艺术游戏的规则和要求限制了孩子的自由与游戏感。等到孩子掌握基本的技巧和规则之后，可以在赏识和激励的前提下逐步加大难度，提高要求。对于三岁前后的孩子来说，艺术游戏虽然有学习的效果，但艺术首先是一种审美游戏。既然是游戏，就需要有必要的自由、兴趣和信心。如果有条件，父母可以适当参与孩子的审美游戏。

让孩子参与某一类艺术游戏之前，父母需要有一些基本的铺垫，最好遵循"先兴发，后参与"的原则。比如，不要贸然给孩子买一架庞大的钢琴摆放在家里，那样很可能让孩子失去弹钢琴的信心和决心。购买钢琴之前，最好先带孩子去琴行或朋友、教师的家里观摩他人弹钢琴。等到孩子有了弹钢琴的意向和兴趣，再与孩子制订购买钢琴的计划。

除了审美游戏和运动游戏之外，也可以鼓励孩子参与劳动游戏。对于孩子来说，劳动、工作与游戏并没有分别。同样，游戏也并非一定要购买玩具或乐高材料。对于孩子来说，生活中的任何一个家具都可以成为游戏的材料。

虽然可以让孩子独立地承担做饭、扫地、洗衣服、整理床铺或书桌等家务劳动，甚至可以鼓励孩子做简单的家具，搭建简单的建筑，但是在初期阶段，最好让孩子成为家务劳动的参与者和决策者。父母可以邀请孩子参与家务劳动，提出自己的决策，也可以通过亲子游戏的方式，在家务劳动中增添游戏感。在亲子游戏过程中，孩子会变得心灵手巧，学会竞争与服从游戏规则。在争取获胜的过程中，孩子将学会接受可能的失败。

为了培养孩子的受挫力，可以让儿童在生活中经受磨炼，接触真实的生活经验；玫瑰花要让他玩，刺可不要摘去。事实上，儿童不喜欢矫揉造作的环境和过度照料，渴望见到生活的真相，渴望负责和参与有冒险性的活动。

基于此，蒙台梭利甚至反对幼儿游戏。在她看来，与其让孩子做游戏，不如让他们从事实际生活技能的练习和"工作"。[1]

　　总体而言，孩子的动感游戏主要有三种类型：一是运动游戏；二是艺术游戏；三是劳动游戏。这三类游戏可以简单地称为"体美劳"游戏，其中运动游戏最流行，也最重要。

---

[1] 详见：刘良华. 关于幼儿活动的论争 [J]. 四川幼教，1996（3）.

第三章　幼儿家庭教育的"三一原则"

在孩子三岁前后，家长需要帮助孩子建立几个好习惯，比如早睡早起、合理饮食、户外运动、亲子阅读、交往合作等。培养好习惯的消极说法是警惕坏习惯。在现代社会，家长需要对"看电视""玩手机""吃零食"三个坏习惯保持必要的警惕。为了改正这些坏习惯，家长需要坚持"外柔内刚"的大原则。三个警惕加上一个大原则，一起构成家庭教育中的"三一原则"。

一、警惕三个坏习惯：看电视，玩手机，吃零食

现代社会的典型特征是物质丰富、信息发达。除了少数贫困、闭塞的地区之外，一般家庭的孩子可以随时随地获得丰富的零食、看电视、玩手机。零食、电视和手机并非洪水猛兽，但是它们泛滥成灾时，就需要警惕。

（一）警惕电视

电视被发明并普及，一定有其正当的好处、优势和相关理由。可是，无论电视有多少好处，都不能让孩子过多地看。正因为考察了孩子看电视的种种后果，美国幼儿教育专家斯波克（Spock, B.）提出："我强烈反对的一件事情就是看电视。即使是高质量的儿童电视节目也会束缚孩子的想象力，因为电视为孩子做好了一切，几乎不需要孩子做什么努力。"[1]

---

[1] [美]斯波克.斯波克育儿经[M].武晶平，等，译.海口：南海出版公司，2007：118.

让孩子过多看电视的第一个后果是破坏孩子的阅读习惯。看电视几乎不需要思考，而阅读是需要思考的。如果孩子养成一种长期不思考仅看电视的习惯，他就不会愿意过一种需要思考的阅读生活。

让孩子过多看电视的第二个后果是破坏孩子的睡眠习惯。孩子看电视不仅会造成晚睡，导致睡眠时间不够，而且会因为兴奋而影响睡眠质量。孩子入睡之前，需要心情平静、静如止水，看电视会破坏孩子的宁静。电视以声光电的方式刺激孩子的感官。斯波克建议："如果你的孩子的卧室有电视机的话，最好把它撤掉吧。"[1]

让孩子过多看电视的第三个后果是降低孩子的食欲。全家人围坐在餐桌一边吃饭一边看电视或许可以视为现代意义上的天伦之乐，但是，如果孩子在吃饭时注意力全部集中于电视节目上，他就无法更好地体会到食物的美味及在咀嚼食物的当下激发出来的美好感觉。久而久之，孩子会失去对食欲的自然追求和自然欲望，由此给身体发育带来伤害。

让孩子过多看电视的第四个后果是破坏孩子的视力。孩子的视力处于脆弱的稚嫩状态，视频的强光会让孩子的视力在不知不觉中受到伤害。父母不仅应该减少孩子在家里看电视的时间和频率，而且应该减少孩子在学校观看电视及其他视频的时间和频率。遗憾的是，随着电视机和电脑在家庭和学校的普及，在现代教育技术的鼓动下，电视机和电脑遍布家庭的各个房间，学校则变本加厉地摇身变为智慧学校。孩子在无法逃脱的种种视频的影响下，近视眼成为常态。不仅高中教室里有不少，近视眼在小学教室里也泛滥成灾。

让孩子过多看电视的第五个后果是导致孩子性情紊乱。电视有儿童节目，但并非所有的电视节目都适合儿童观看。绝大多数成人节目在两个"头"（拳头和枕头）上做文章。观看"拳头"的暴力片将导致孩子产生攻击倾向。[2] 观看"枕头"的性爱片将导致孩子性早熟。在没有实行分级管理之前，所有电视节目都暴露在儿童的面前，某些成人影视就会对孩子的成长带

[1] [美] 斯波克. 斯波克育儿经 [M]. 武晶平，等，译. 海口：南海出版公司，2007：354–356.
[2] [美] 迈尔斯. 社会心理学 [M]. 侯玉波，乐国安，张智勇，等，译. 北京：人民邮电出版社，2016：25. 另参见：[美] 希拉里. 举全村之力 [M]. 曾桂娥，译. 上海：上海三联书店，2009：231.

来伤害。成人电影里的拥抱、接吻、裸露会过度激发孩子的情感欲望，导致孩子情感早熟甚至性早熟。人的生命是有节奏的，孩子的身体和情绪还没有发展到可以观看那些成人节目的阶段。

让孩子过多看电视的第六个后果是导致家庭关系冷漠。在没有电视之前，父母在火炉前给孩子讲故事、听孩子讲故事，牵着孩子的手在户外散步或跑步，召唤孩子一起参与家务劳动，带着孩子看望爷爷奶奶或者走亲访友。电视普及之后，全家人围坐电视机这个黑匣子前面，屏气凝神、一言不发。孩子或父母多说一句话，都可能被视为对电视节目的干扰。

让孩子过多看电视的第七个后果是导致孩子身体反常地瘦弱或臃肿。孩子的时间是有限的，如果过多看电视，运动的时间就会相应地减少或取消。如果孩子一边看电视一边嗑瓜子，后果就会更加严重，会不知不觉消化大量的瓜子。既不运动，又食用大量垃圾食品，孩子的身体就会反常地瘦弱或臃肿。

因此，有人建议，可以每周设定一个"无电视日"。在这一天，全家人完全不看电视。[1]出于这样的考虑，如果家里的电视机坏了，不必急着修理，可以过几天不看电视的生活，利用这个空隙问一问自己：自从家里安装了电视机，多久没有给孩子讲故事或听孩子讲故事了？多久没有牵着孩子的手在户外散步或跑步了？多久没有跟孩子一起做家务劳动了？多久没有带着孩子去看望爷爷奶奶了？

（二）警惕手机

为什么说要毁掉一个孩子就给他一部手机？手机的最初功能只是交流。但对孩子来说，手机的主要功能在于电子游戏。

游戏是可以玩的，但是家长需要警惕手机游戏及其他一切电子游戏。科学技术在征服和改造自然的同时也带来了对自然环境的污染，在征服和改造游戏的同时也导致对游戏生态的破坏。

---

[1] 详见：[美] 希拉里 . 举全村之力 [M]. 曾桂娥，译 . 上海：上海三联书店，2009：237.

电子游戏对游戏生态最大的破坏就在于：它借助声光电等科技元素造成的视觉、听觉和心理效果使人的征服感、操控感和暴力倾向等情感欲望被过度激发和开发出来。人内心深处的征服感、操控感和暴力倾向等情感欲望被过度激发出来之后，对其他美好的游戏甚至对真实的生活就失去了基本的兴趣和耐心。

就此而言，最美好的游戏肯定不是电子游戏，而是生活游戏。为了让孩子更幸福、更欢乐，最好引导孩子寻找更接近生活、接近自然的游戏。遗憾的是，那么多人（主要是儿童）痴迷电子游戏。他们依赖网络，甚至依赖成瘾。不少孩子因为网瘾严重影响正常的学习生活，废寝忘食从而导致身体异常瘦弱或臃肿。

一旦孩子对网络游戏依赖成瘾，就很难改变。一度有孩子因网瘾被送到类似"杨叔"治疗室那样的地方接受电击治疗[1]，这样的电击治疗显然并不人道。但究竟有多少人道的办法可以治疗孩子的网瘾，网瘾少年的家长几乎无计可施，唯一可行的办法是：与其事后治疗，不如事前预防。

最好的预防方式是让孩子发展健康的审美游戏或运动游戏，让孩子尽早拥有艺术特长和体育特长。一旦孩子有了足够发达的艺术特长或体育特长，就不会迷恋网络游戏。即便孩子接触了网络游戏，也不会轻易上瘾。相反，如果家长没有引导孩子发展审美游戏和运动游戏，孩子很可能转向网络游戏。对孩子来说，游戏是生活和成长的必不可少的部分。孩子要么过健康的游戏生活，要么过非健康的游戏生活，但不可能没有游戏。那些既没有网瘾又没有别的游戏生活的儿童，他们貌似正常，实属另一种"悲惨世界"。

如果家长有足够的信心和掌控感，让孩子适度玩一些网络游戏也是可以的。这需要家长与孩子制定玩网络游戏的时间。玩网络游戏的基本前提是不影响身体健康和正常学习任务的完成。但是如果家长没有信心和掌控感，最

---

[1] 有关杨永信采用电击治疗网瘾的报道，详见：刘明银.战网魔[M].北京：作家出版社，2008.王烨捷，白雪."戒网专家"杨永信电击治网瘾惹争议[N].中国青年报，2009-05-07.

好从一开始就鼓励孩子少玩或不玩网络游戏。如果孩子少玩或不玩网络游戏，家长亦不必担心孩子与同学、同伴没有共同的爱好或语言。只要孩子有足够发达的艺术特长、运动特长，他就会在同学、同伴的交往中享有威望，甚至成为同学、同伴羡慕的对象。

问题在于，在家长完全没有掌控感的时候，孩子已经痴迷于网络游戏而严重影响正常的学习生活。与其如此，不如让孩子在三岁前后尽可能警惕网络游戏而以古典的方式展开生活。

因此，不要过早地让孩子拥有手机、iPad（平板电脑）。如果想要毁掉一个孩子，就给他一部手机、iPad 或电脑。

（三）警惕零食

值得警惕的零食主要指糖果、巧克力和可口可乐、雪碧等。

不要让孩子吃过多的糖果、巧克力及其他甜食，尤其禁止孩子饭前吃零食。饭前吃零食将直接导致孩子的身体处于虚假的饱和状态。吃糖果或巧克力还会导致孩子的身体出现反常的臃肿或者瘦弱。

而吃甜食不节制的孩子，身体必不好，性格大多好不到哪里去。完全抵制不住甜食诱惑的孩子，往往缺乏意志力。成绩不好的孩子，往往过度依赖便利店的零食。

要引导孩子尽量少吃糖果、巧克力等甜食，但不必完全禁止。完全节制的后果是：禁止本身就隐含了偷吃的诱惑。而且，父母完全禁止孩子吃糖果或巧克力之后，孩子会更加馋嘴。他看到其他同伴吃糖果或巧克力时会羡慕、嫉妒，若发现有人把糖果或巧克力掉在地上会偷偷地捡拾。这种情况若被其他同伴发现，孩子不免会被嘲笑。

完全禁止吃糖果或巧克力的另一个后果是：孩子会感觉自己家庭贫困，属于弱势群体；或者，感觉父母不通情理，家庭没有基本的温情。

因此，父母可以让孩子吃少量的糖果或巧克力，这会给孩子带来生活的情趣与欢乐。让孩子吃少量的糖果或巧克力之后，父母最好告诉孩子为什么过多食用糖果或巧克力对身体有害。

二、守住一个大原则：外柔内刚

为了改变孩子的某些坏习惯，在孩子犯错之后，家长需要守住"外柔内刚"的大原则。美国育儿专家尼尔森（Nelsen）在《正面管教》中提出了一个类似的原则，她称为"和善而坚定"。[1]纠正孩子的错误时，家长不必愤怒，也不必批评指责，更不必体罚孩子，最好外表柔和、平静，但内心必须坚持原则，告诉孩子不可做什么、必须做什么，绝不妥协。

家长之所以需要守住"外柔内刚"或"和善而坚定"的原则，是因为孩子犯错可能是"寻求关注"，也可能是受到家长责罚感到羞辱并有意无意地"寻求复仇"，还可能是自己受到压抑而决定与家长对抗以"争夺权力"。无论寻求关注、寻求复仇还是争夺权力，孩子都会因为父母的愤怒、责罚而激发出更多犯错的冲动与决心。相反，如果父母保持表情的柔和、平静，有足够的善意、理解与同情，孩子就会感觉父母站在自己这边，放弃继续犯错的"斗志"与"决心"。

按照"外柔内刚"的大原则，孩子犯错之后，家长可以采取三个步骤纠正孩子的错误。比如，孩子会用哭喊或在地上打滚的方式威胁父母，以便父母同意自己吃糖果；孩子会拉着妈妈的手出门去买糖果，如果妈妈拒绝，就会哭喊或在地上打滚。当孩子以哭喊或打滚的方式威胁父母时，父母必须坚持"外柔内刚"（和善而坚定）的大原则。一般而言，只要父母采用下列三个步骤，就可以改变孩子大声哭喊或在地上打滚的习惯。

第一步是外柔，表达对孩子的理解和同情，让孩子感觉父母是站在自己这一边的（维护孩子的自尊）。家长最好保持柔和、平静而有足够善意的表情，可以告诉孩子："我想我能够理解你为什么喜欢吃糖果。"如有可能，家长可以进一步跟孩子说："我小时候也像你一样喜欢吃糖果。"

当家长采用类似"我想我能够理解你……"的句子表达对孩子的理解时，孩子就会想："哦，妈妈是理解我的，她没有指责我，相反，赞成我的

---

[1] [美] 尼尔森. 正面管教 [M]. 王冰，译. 北京：北京联合出版公司，2016：14.

做法，站在我这边，她是我的人。"孩子甚至会想："哦，妈妈会满足我的需要，带我去买糖果。"显然，孩子想多了，他不知道接下来妈妈会有第二步。

第二步是内刚。家长最好告诉孩子："我们是有约定的，一个星期只能吃一次糖果。这个星期你已经吃过一次，所以不能再吃了。无论你怎样哭喊或在地上打滚都没用，妈妈不吃你这一套。"或者直接告诉孩子："如果你不遵守约定，想用哭喊或打滚的方式威胁妈妈，也不会有效果。如果不信，从现在开始，你可以继续哭，可以继续在地上打滚，妈妈可以看着你哭，看着你打滚。"

孩子可能会因绝望和愤怒更加大声地哭喊、剧烈地打滚。别怕，这是考验家长的关键时刻。家长需要用"自然后果惩罚"的方式治疗孩子的毛病。别的惩罚可能都无效，甚至可能激发孩子反抗，只有"自然后果惩罚"有强大的力量。人可能会怨恨或反抗人为的惩罚，但不会怨恨或反抗"自然后果惩罚"。

所谓"外柔内刚"之刚，并不是用刚烈的方式激烈地辱骂或鞭打孩子，而是用"不动心"的方式让孩子接受"自然后果惩罚"。人的行为可能会有自然效果，但也会有自然后果。比如，孩子哭喊或打滚，家长可以让他尽情地哭、尽情地打滚，哭喊或打滚是件很辛苦的事情，长时间地哭喊会导致声嘶力竭，长时间地打滚会导致精疲力竭。让孩子因为哭喊、打滚承担声嘶力竭、精疲力竭的后果，这就是自然后果惩罚。

不用人为而用自然后果惩罚的方式让孩子接受惩罚，这需要家长有比较强大的意志力，有基本的"不动心"的定力，不会轻易因为怜悯心而心慈手软，坚守"外柔内刚"之刚的立场。

第三步是回到外柔。外柔内刚始于柔和，终于柔和。外柔内刚需要"两头柔，中间刚"，这就是刚柔并济、外柔内刚、以柔克刚的智慧。在接受自然后果惩罚之后，孩子已经声嘶力竭或精疲力竭，此时家长最好用柔的方式让孩子"体面地接受失败"。家长可以向孩子发出邀请，让孩子感觉到他们的关注和关心。比如，可以对孩子说："宝宝，过来，让妈妈抱一下。"或者对孩子说："宝宝，别哭了，我们出去走一走。"也可以给孩子布置一个力所能及的任务，为孩子提供台阶，让他体面地接受失败，感觉自己可以做更有出息的事情。比如，可以说："宝宝，这里有 50 元，你去超市帮妈妈买一瓶酱油。如果你帮妈妈做事了，下次妈妈带你去买糖果，我相信你可以做到的。"

一般而言，只要家长给出台阶，孩子就会顺台阶而下，停止哭喊或打滚，走到妈妈的身边，接受妈妈的拥抱。这时候，妈妈最好抱住孩子，轻轻抚摸孩子的背脊，也可以亲吻孩子的脸颊或额头。

孩子精疲力竭的时候，也是孩子最愿意妥协、接受劝诫的时候。在这个时刻，无论孩子显得多么可怜，家长也不能善心大发地告诉孩子："宝宝乖，别哭了，我们去买糖果。"这样会让"外柔内刚"的大原则立刻溃败，前功尽弃。家长不要自作聪明地跟孩子说："这次买糖果，以后不能再胡闹噢。"不要以为"只此一次"，孩子不会形成坏习惯，相反，孩子的坏习惯正是因为家长的无原则妥协形成的。即便偶尔一次放弃原则，也会前功尽弃，破坏孩子的契约意识，无法建立规则。

比较可取的办法是：如果孩子不哭了，愿意来到家长身边，家长可以抱住孩子，一边抚摸他的背脊，一边告诉他："宝宝，记住我们的约定哦，一周只吃一次糖果。以后要是想吃糖果了，直接告诉妈妈，不用哭喊，不用在地上打滚。只要你告诉妈妈，妈妈就去买糖果。我们有约在先，妈妈一定会兑现承诺，也希望你跟妈妈一道兑现承诺。"

虽然采用自然后果惩罚方式能够让孩子无力反抗或抱怨（人类很少怨天，只会尤人），但惩罚孩子并不是教育的目的。教育的目的在于让孩子遵守约定，兑现承诺，强化规则意识。如果孩子犯错，家长既要让孩子接受自然后果的惩罚，又要保护孩子的尊严，让孩子体面地接受失败。相反，如果家长毫不留情，总是用严厉的方式惩罚孩子，让孩子绝望地接受失败，没有尊严地受到惩罚，孩子就会失去尊严，变得麻木而继续犯错。

总体而言，在孩子成长的第一个关键期（尤其是三至六岁前后），家长需要帮助孩子建立基本的规则。如果说在孩子成长的第一个关键期重在情感教育，家庭教育需要对孩子的某些错误持比较宽松、自由的态度，那么在从第一个关键期（三岁前后）到第二个关键期（九岁前后）的过渡期，需要逐步强化规则意识和契约意识。家庭教育需要由宽松教育转向严厉教育，由自由教育转向规则教育。

为了帮助孩子建立基本的规则，家长需要引导孩子警惕电视、手机和零食。所谓家庭教育中的"三一原则"，就是在三个警惕的基础上加入"外柔内刚"的大原则。

"外柔内刚"也是人一辈子需要关注的大原则，并不限于三至六岁的教育。在孩子三岁前后尤其是三至六岁期间，家长需要用"外柔内刚"的大原则对待孩子的胡闹。孩子长大之后，在成长的第二个关键期（九岁前后）和第三个关键期（十五岁前后），家长依然需要采用"外柔内刚"的原则改变孩子的某些坏毛病。孩子成年之后，成家立业了，他也需要采用"外柔内刚"的大原则对待自己生活和工作中出现的交往障碍或交往冲突。

只是说，比较而言，三岁前后尤其是三至六岁期间的孩子更需要家长采用"外柔内刚"的原则帮助建立契约意识和规则意识。

三、建立正常的生活习惯

三岁前后的孩子需要逐步建立正常的生活习惯。重要的生活习惯包括饮食起居习惯、运动习惯和学习习惯。

（一）饮食起居习惯

好的生活习惯显示为三个特征：一是狼吞虎咽地吃饭（不是细嚼慢咽）；二是每天一次大便；三是早睡早起。

第一，慎重对待吃饭的习惯。吃饭需要考虑的要点是：吃什么，怎么吃，和谁在一起吃。

父母首先需要考虑的是让孩子吃什么。他们往往会担心孩子缺乏营养，影响身体和智力的发育，会为孩子购买大量的钙片或其他补品。其实，只要让孩子多吃五谷杂粮，提供必要的肉类食品，就能够让孩子获得足够的营养。但是在现代社会，一些常见的肉制品会含有大量的激素，食入过多会让孩子处于虚弱的肥胖状态。因此，肉类食品一定要适度。

人究竟是肉食动物还是素食动物，现在尚有争议。比较可靠的方式是，让孩子少吃肉制品，多吃有利于消化的五谷杂粮。就有利于消化而言，土豆、芋头、红薯、大豆、面粉、绿叶菜、水果是理想的食品。孩子喜欢吃什么或不喜欢吃什么，主要受父母烹饪方式的影响。

比如，孩子不喜欢吃土豆，往往因为父母烹饪的土豆难以下咽。如果父母学会用各种方法烹饪土豆（烹饪土豆至少有10种方法），孩子可能就会喜欢这种食品，甚至终身喜欢这种食品。在《芋老人传》的故事里，那个人之所以怀念芋头的味道，固然与他当时饥肠辘辘的饥饿感有关，但芋头在那样的时刻烹饪出来的独特味道也是重要的因素。

南方人普遍喜欢吃米饭，北方人普遍喜欢吃面食。这其中有地域的差异，但从有利于消化角度来看，面粉优于米饭。在所有的面食中，不过度加工的面食比过度加工的更有利于消化。比如，最好让孩子多吃馒头、面包，少吃添加了大量防腐剂的袋装食品，尤其要教育孩子少吃零食。

除了吃什么，父母最好关注孩子怎么吃的问题。按照中医的原理，中国人倾向于细嚼慢咽的吃法。但是从激发吃饭的情绪和胃口来看，最好的吃法不是细嚼慢咽而是狼吞虎咽。父母可以在某个时候和孩子比吃饭的速度，玩"一、二、三……"开始吃饭的游戏。这个办法虽然不能频繁使用，但偶尔使用，有助于建立孩子吃饭的节奏，促进亲子关系和天伦之乐。

不少父母总是担心孩子吃饭速度太快影响消化或被噎住。但是，孩子无论如何狼吞虎咽地吃饭，他会自动调节吃饭的节奏。几乎没有孩子因为吃饭快而被噎死。所谓"因噎废食"，并非嘲笑人们因为被噎住而拒绝吃饭，而是嘲笑人们因为担心被噎住而拒绝快速吃饭。不过，鼓励孩子吃饭时保持一定的速度和节奏并非完全不讲餐桌礼仪。父母需要提醒孩子，在家里吃饭时可以狼吞虎咽，但是如果有他人在场，就要有餐桌礼仪，否则会被认为没有"家教"。

在考虑"怎么吃"的问题时，可以选择全食物的办法。有些食品可以连皮带籽地吃，"吃完整食物"。但这样做的前提是，食物必须是绿色、纯天然、不残留农药、没有上蜡的，不会对人体造成任何急性或慢性危害。

除了吃什么和怎么吃，另一个要素是和谁一起吃。总的建议是，如果没有特殊的原因，不要让孩子一个人吃饭。如果没有特别的困难，父母最好每天赶回家和孩子一起进餐。餐桌教育（即耕读教育）是中国人最重要的传统。家庭的共同价值观是在全家人围着一个桌子吃饭的过程中建立起来的。全家人围着一张桌子吃饭，彼此牵挂着对方，聊一些轻松愉快的话题，杯盘之间偶尔发出清脆的响声，这就是最好的教育。父母和孩子没有共同语言，常常是因为父母长期不和孩子围着一张桌子吃饭。很多人是在家庭的餐桌上学会了怎样做风趣的讲话者和好听众的。

第二，排便习惯极大地影响孩子的饮食状态和健康状态。孩子一出生，就需要有人训练他定时排便的习惯。即便使用尿不湿，也最好引导孩子在固定的时间排便。孩子九岁前后，则可以训练他每天早晨大便的习惯。

可以在洗漱之前排便，也可以在洗漱之后早餐之前排便，或者早餐之后出门之前排便，这些是排便的最佳时期。如果没有形成早晨排便的习惯，则可以安排在晚餐之后睡觉之前。如果这两个时间都不能保证，午餐前后排便也是一个次优的办法。就频率而言，最好每天排便一次。一天一次最健康，两天一次则说明可能"有病"（身体处于亚健康状态），三天一次则说明病得比较严重，四天以上一次则是"妖怪"。排便不畅通，将严重影响孩子的饮食状态和健康状态。

为了让孩子重视排便问题，日本甚至成立了专门的"厕所研究所"。研究人员到各所学校登门授课，向孩子们讲解大便与人体健康的关系。他们带领孩子一起用黏土做各种形状的"大便"，然后告诉孩子们：哪一种大便是健康的，哪一种不太健康，当出现过于干燥或水分过多的不健康大便时，应该在饮食上注意些什么……[1]

第三，除了重视孩子的饮食习惯和排便习惯之外，父母还需要训练孩子

---

[1] 对此感兴趣的读者可以在网上搜索和阅读有关"日本孩子的生活教育：让厕所充满爱"的资料。

睡觉的习惯。让孩子身体好最古老而经典的办法是早睡早起。富兰克林的说法是："早睡，早起，使人富有、健康和聪明。"（Early to bed, early to rise, makes man wealthy, healthy and wise.）2017 年诺贝尔生物和医学奖颁发给了三个美国人，他们的贡献是，如果睡眠不够，熬夜或昼夜生物钟紊乱，人就会变笨和变丑。[1]

（二）动的习惯：运动和劳动

除了早睡早起，让孩子身体好的另一个古老而经典的办法是坚持运动，尤其需要让孩子多接近自然，有足够的户外活动。

为了让孩子养成早睡早起和坚持运动的习惯，父母最好亲自示范。如果没有父母的示范，孩子很难形成持久的早睡早起和坚持运动的习惯。孩子睡懒觉，常常是因为整个家庭的作息时间比较混乱。

此外，不仅让孩子参与家庭决策，也可让孩子参与家务劳动，珍惜父母的劳动成果，对所有帮助过自己的人心怀感恩，掌握独立生存的技能。

如果家具、玩具或衣物出现破损，父母最好邀请孩子一起修补。在修补的过程中，孩子会变得细心、自信、乐观、勤快，增强了动手能力，拥有生活的激情。西方人把那些善于修补玩具或家具的人称为"多面手"（all hands of Jack），这是一个有趣的说法。

如果孩子的衣物或玩具破损到不能修复的程度，父母当然可以为孩子买新的，但是如果破损的衣物或玩具可以修补，父母拿出足够的耐心克服困难，和孩子一起把衣物和玩具修好，那么经过耐心和努力之后修补好的旧衣物或旧玩具就是给孩子的最好礼物。孩子会从父母耐心地修补衣物或玩具的过程中体验到爱与责任。

若要阻止身体持续地衰弱，唯一的办法是返回劳动，必须是手工劳动而不是脑力劳动。只有真实的劳动才能阻止人的衰弱。杜威当年办学校，让学生在学校参与劳动，倡导"学校即社会"。但是，学校终究只是一个虚拟的

---

[1] 详见：张田勘. 揭开生物节律的奥秘 [N]. 北京日报，2017–10–11.

社会，让学生在学校参与劳动终究只是虚假、虚拟的劳动。这种劳动既不能呈现劳动的完整过程，也不能产生真实的劳动产品。学生在这种不完整、不真实的劳动中无法体验坚持劳动的艰难历程，也无法体验创造劳动产品的欢乐。既无艰难的体验也无欢乐的享受，学生随时会放弃劳动，好逸恶劳。人一旦持久地放弃劳动，身体和精神就会衰弱，只有真实的劳动才能阻止"末人"的批量诞生。

对于家长来说，尤其是对于那些有钱的家长来说，必须引导孩子从小参与家务劳动和户外运动，尽量破除所谓"有钱的人没教养，有教养的人没钱"的魔咒。[1] 如果富裕的家庭不能为孩子提供相宜的教育方法，倒不如让孩子过节制的、低调的、比较贫穷的生活。比如，有家长为教育孩子，培养孩子善良、劳动等美德，选择了"装穷"的生活。这样的"欺骗"对孩子来说可能会构成某种伤害。但是在"再富不能富孩子"的教育思路中，富裕家庭的父母在孩子面前适当"装穷"，权贵家庭的父母在孩子面前适当"低调"，也许是必要的。[2]

（三）有限度地满足孩子的需要

在家庭教育中，下策是面对孩子的胡闹束手无策，中策是采用"外柔内刚"的办法改正孩子的坏毛病，上策是帮助孩子建立契约意识和规则意识。在帮助孩子建立契约意识和规则意识时，家长可以尝试采用以下几种方法。

第一，有限度。有限度地满足孩子的欲望或要求，让孩子从小养成有节制地满足欲望的思维模式和生活模式，让有限度、有节制的生活习惯和思维方式陪伴孩子一生。

有限度意味着既不完全禁止，也不完全满足，更不会突然剥夺，给孩子缓冲的空间，让孩子有讨价还价的余地，学会选择和妥协。

---

[1] 这里的教养并非仅仅显示为有知识、有礼貌，真正的教养意味着身体和精神的全面发展。
[2] 对此感兴趣的读者可以在网上搜索"特别的母爱"视频资料和"大款夫妇为教育女儿装穷17年"的文字材料。

民主的父母往往会让孩子讨价还价。讨价还价不是坏事，而是让事情变好、让孩子有契约精神和承诺意识的基本训练。

第二，有选择。用有选择的方式让孩子获得有限度的满足。解决问题时，给孩子提供两三个选择，只能二选一或三选一。让孩子选择时，提醒他一旦选择必须兑现，若不兑现就要接受惩罚。

比如，要改掉孩子玩手机的毛病，可以给他提供几个可选择的方案。方案一：每天只能玩一个小时，超过一个小时，第二天则禁止玩手机。在第二天禁止的时间玩手机，一周不允许玩手机。方案二：周日到周五不允许玩手机，周六可以整天玩手机。或者从现在开始，每天玩手机，一个月后，彻底禁止玩手机。方案三：每次玩手机之前，必须承担某个力所能及的家务劳动，如做饭、买菜、洗衣服和洗碗等。完成任务之后，才可以玩手机一个小时。

让孩子自己做出选择，如果他对以上选择都不满意，可以让他提出一个方案。如果他既不考虑父母的方案，自己也没有替代方案，就告诉他：如果不做任何选择，从现在开始就禁止玩手机。

第三，有承诺，督促孩子兑现自己的诺言。一旦孩子违反承诺，则用"外柔内刚""和善而坚定""自然后果惩罚"的态度执行惩罚。"外柔内刚""和善而坚定""自然后果惩罚"的态度很重要，不让孩子试探父母的底线，感觉自己可以说话不算数，即便违反规则，也可以不接受惩罚，感觉父母是软弱的。

要做到以上三点，可以坚持一个辅助的原则：父母在改正孩子某个坏习惯之前，需要找好时机在孩子面前承认自己有某个坏习惯，请孩子监督自己。只要孩子改正某个坏习惯，家长也一同改正某个坏习惯。如果家长做不到，则接受某个约定的惩罚。

无论让孩子改正坏习惯还是监督父母改正坏习惯，都需要选择一个好时机。比如，在孩子比较开心的时刻，在跟孩子一起做事的时刻，在跟孩子一起散步的时刻。家庭教育需要好方法，也需要好时机。时机不当，任何好方法都会失灵。

九岁前后的规则教育

如果说孩子三岁前后主要进行感性教育，那么九岁前后就主要进行理性教育。九岁前后的孩子需要学会克制情绪，以理制欲。三岁前后的孩子过于幼小，尚未发展到能够克制情绪的年龄。九岁前后的孩子在身体和心理上都有明显变化。按照《黄帝内经·上古天真论》的说法：女子七岁（男子八岁），"肾气盛，齿更发长"。"肾气盛，齿更发长"为孩子的理性思维提供了基本的生理条件。

　　九岁前后相当于皮亚杰提出的运算阶段（含前运算阶段和具体运算阶段）。这个阶段（尤其是三至六岁）是建立规则的关键期。三岁前后的孩子需要宽松教育、自由教育、爱的教育。九岁前后的孩子需要严厉教育、规则教育、怕的教育。严厉教育的目的是帮助孩子建立规则。

第四章　孩子九岁前后的三个关键教育

最高级的炫富，是教出一个有教养的孩子。有教养的孩子意味着他在九岁前后已经显示出德、智、体、美、劳、情六个基本品质。这六个品质可以浓缩为三个教育规则：文武双全、劳逸结合、通情达理。这个培养目标涉及德、智、体、美、劳、情六个方面。新父母学校称为"新六艺教育"[1]。

一、文武双全：学习好，身体好

文武双全之文指向智育，之武指向体育。九岁前后的孩子需要接受基本的知识教育。孩子需要学会阅读、写作和计算，这是文明的初始标志；也需要发展运动兴趣，有体育特长，在逐步文明化的同时，不要忘记身体的野性。知识学习是让孩子由野性走向文明，体育特长是让孩子保留身体的野性。完整的说法则是："文明其精神，野蛮其体魄。"[2]

（一）文明其精神：让孩子尽早养成阅读习惯

智育的基本目标是让孩子学习两本书：一是纸质之书，二是自然之书。孩子原本处于生活世界之中，但九岁前后的孩子也需要重新出发，走向书本和自然这两个世界。智慧的父母会打通生活世界、书本世界和自然世界的关

---

[1] 新六艺教育也称"德、智、体、美、劳、情"。详见：刘良华.教育哲学[M].上海：华东师范大学出版社，2017：23–36.

[2] 详见：毛泽东.体育之研究[J].新青年，1917（2）：52–62.

系，让孩子学习生活世界的人情世故、书本世界的文字符号，亲近自然世界的植物与动物。

在孩子九岁前后，父母需要引领孩子走进书本世界。一般而言，孩子六岁前后，就需要在书本世界里正式报到，有仪式感，义无反顾地进入学校。学校有多种任务和功能，但首先是一个读书的地方。不过，学校并不是唯一引导孩子读书的地方。孩子进入书本世界之初，需要老师的引导、家长的帮助，更需要家校合作。

对九岁前后的孩子来说，书本世界是一个新世界。这个世界有足够的空间，需要孩子学会进入和享受。进入的基本途径是阅读（read）、写作（write）和计算（arithmetic），一般称为"3R 教育"。其中，阅读最重要，要让孩子趁早养成阅读的习惯。读什么或许不那么重要，重要的是养成阅读的兴趣和习惯。凡有所读，皆有所得。父母可以通过给孩子讲故事的方式，引导孩子读故事，让孩子发现听父母讲故事不如自己读故事。

九岁之前，可以引导孩子阅读童话故事。对于九岁前后的孩子来说，童话故事中的植物和动物是他们的同类和朋友，整个自然充满神秘的精灵。任何花草或鸟兽，都可能被孩子视为有情感、有思维的伙伴。对于孩子来说，虚构的童话故事比真实的历史故事更加真实。

九岁之后，可以引导孩子逐步由阅读虚构的童话故事转向真实的历史故事。父母在给孩子讲故事的时候，除了讲述虚构的童话故事，也需要有意识地讲述一些真实的历史故事。不必从一开始就讲历史故事，也不必仅仅给孩子讲虚构的童话故事。孩子一直在成长，父母需要适应孩子成长的节奏。孩子长大的标志之一就是更愿意阅读真实的历史故事，从历史故事中看到自己的未来。实际上，历史学是真正的未来学。

一旦孩子养成阅读习惯，亲子关系就需要一些新动态：以前是孩子听父母讲故事，现在是父母听孩子讲故事，孩子成为故事的讲述者，父母则成为倾听者。

给孩子讲故事是家庭教育的古老传统。从来不给孩子讲故事的父母，是不负责任的。我们都是在听父母讲故事的过程中长大的，现在我们做了父母，也必须承担这个责任，让孩子听我们讲故事。故事除了给孩子提供主流的核心价值观之外，也让孩子开始养成阅读和写作的习惯。父母陪伴孩子的重要任务是让孩子尽早学会独立地阅读，养成终身阅读、自由想象和自由创作的习惯。

给孩子讲故事并听孩子讲故事的结果是让孩子成为倾听者、读者和作者。其好处不只是为孩子的"入学"做准备，更重要的是让孩子拥有自由的思想和独立的精神。"只要还在读书的人，就不会彻底堕落，彻底堕落的人是不读书的。"[1]

父母可以让孩子阅读人类流传下来的所有美好的童话、神话或民间故事。鉴于东方童话故事和西方童话故事的差异，可以让孩子先阅读西方三大童话故事：《格林童话》《安徒生童话》和《一千零一夜》。

从民间故事衍生出来的童话故事蕴藏着适合儿童的游戏精神和游戏规则，充满生活的乐趣与道理。这使得童话故事在娱乐属性外，也天然地具备教育属性，成为儿童的启蒙读物。但中西方的童话故事隐含的教育元素有一些差异。童话故事中隐含的三个关键元素为：善良、智慧与勇敢，与之对应的故事可称为"美德故事""智慧故事"和"身体故事"。但这些元素在中西方童话故事中的排列顺序明显不同。

西方童话故事首先是"美德故事"和"身体故事"，两个主题往往联合出现，很耐心地关注人的美德和身体：人要善良、诚实、守信，又要坚强、勤劳、有牺牲精神。《美女与野兽》中美女与两个姐姐的区别就在于：美女既善良又勤劳，喜爱读书、唱歌，两个姐姐则是嫌贫爱富又好吃懒做的人。除了"美德故事"和"身体故事"，西方故事也有"智慧故事"，但排在善良故事和勇敢故事的后面。

中国传统故事主要显示为以神机妙算、斗智斗勇为主题的"智慧故事"和以勇猛、义气为主题的"身体故事"，如《三国演义》《水浒传》。在"智慧故事"中，有嘲笑"愚笨"的故事，如刻舟求剑、守株待兔、掩耳盗铃

---

[1] 吴稼祥. 一杯沧海 [M]. 北京：朝华出版社，2005：43.

等；也有赞赏"勤学"的故事，如凿壁借光、程门立雪、悬梁刺股等。中国"美德故事"的主题仅显示为忠孝和惩恶扬善，对"个人的修炼"和"个人的幸福"缺乏热情。

总体上看，西方故事和中国故事都隐含了善良、智慧与勇敢等相同的元素。

最好让孩子尽早建立健康的审美观，不要让其审美观陷入低级、病态，以为小的、有病的就是好的；不要以为强大的就是坏的，以为小麻雀、小绵羊、小狗都是可爱的；也不要以为狮子、老虎、狼、狗都是坏的，以为豺狼都是吃人的，豺狼只吃比他弱小的。

孩子九岁前后，父母最好帮助孩子阅读"三童"和"三史"。"三童"是童诗、童话和儿童绘本，"三史"是成语故事、四大名著和古文运动（含古诗词、《古文观止》和《史记》）。

孩子九岁之前可以重点阅读童诗、童话和儿童绘本，九岁之后，可以转向阅读真实的历史故事，可以从中国历史故事开始，重点阅读成语故事、四大名著和古文运动（含古诗词、《古文观止》和《史记》）。孩子长大的标志之一就是更愿意阅读真实的历史故事。[1]

（二）野蛮其身体：让孩子像动物那样野蛮生长

文明人需要阅读，但仅仅只有文明并不能保证幸福。人的幸福除了需要基本的文明与教养外，还需要强健的身体。西谚曰："健康的乞丐比有病的国王更幸福。"

教育的核心任务之一就是让孩子成为文明人。但仅有精神的文明而没有身体的野蛮，会让孩子显得孱弱。文明与文弱不仅只有一字之差，而且隐含了某种因果关系。智慧的父母会让孩子保持精神上的文明、身体上的野蛮。

身体的野蛮首先意味着恢复动物的本性。动物总是能活动、能运动。能够动的事物叫动物，不能动的事物叫静物；有生命活动的事物是生物，没有

---

[1]《西游记》也可以视为真实的历史故事，它已经成为中国历史记忆的一部分。

生命活动的事物是非生物。

生命有活动和运动的本能。无论书本知识多么重要，也需要让孩子维护正常的生命本能。九岁前后的孩子若没有基本的读写算的习惯，他可能就是野蛮人。但是如果九岁前后的孩子只有读写算的书本知识而缺乏基本的身体运动，那他就是一个貌似文明其实堕落的"巨婴"。现代教育的问题恰恰就在于容易夸大书本知识而放弃身体的野性。书本是精神的营养品，运动却是身体的药方。对孩子来说，身体的营养品不在厨房或者食堂，而在运动场或体育馆。

如果说在九岁前后孩子精神上的文明素养是3R，那么他们身体上的野蛮素养就是跑步。野蛮其身体就是让孩子有足够的运动量，而运动的核心是跑步。为了让跑步变得比较有游戏感，可以鼓励孩子训练各种球类运动。

孩子九岁前后依然是运动的敏感期。在这个阶段，最好让孩子掌握两项以上球类运动技能。可以鼓励孩子从"三个小球，三个大球"中选择感兴趣的球类运动。三个小球如乒乓球、羽毛球和网球，三个大球如篮球、足球和排球。除此之外，也可以引导孩子参加游泳、击剑、跆拳道、滑冰、骑马、毽球、花样跳绳、玩飞盘、爬树等具有游戏感和竞赛项目的运动。让孩子运动不仅可以健体，还可以增进与同伴的交往，更可以在竞赛中既学会赢得胜利，也接受公平竞争中的失利或失败。

不过，无论球类运动多么有游戏感，其重要意义仍然只在于"跑步本位"。对于跑步爱好者而言，跑步本身就有无限的享受和乐趣。一个能够跑步的人，其身体是灵巧的。跑步不只是腿脚的运动，也是全身甚至全身心的运动。如果孩子愿意跑步，且已经形成习惯，这就是家庭教育中的一个好消息。如果孩子不愿意参与纯粹的跑步运动，可以引导孩子通过各种球类运动实现跑步的运动量。

阅读可以在室内完成，但运动最好在户外。精神需要保养，身体更适合放养。人为的养护或许可以使身体免于风雨的冲击、烈日的暴晒或饥寒的威胁而变得白嫩、细腻、滋润，但是人为的养护也使身体变得脆弱、娇柔、无力与无能。身体需要足够的能力以维持其活动的机能，但也需要亲自挣扎、劳其筋骨、饿其体肤发展出更加强健的肌肉与强大的力量。温室或许可以培养娇艳的花朵，但沁人心脾的花香与挺拔苗壮的大树必然诞生于户外的荒野。尽管人的身体不可能完全像动物和植物那样暴露在自然之中，但是人的身体依然需要尽可能地减少人为的保暖与养护，使其自然生长。

文明其精神是培养孩子的文化素养，野蛮其身体的目标在于培养孩子的尚武精神。家长应该配合学校，理解和鼓励体育老师以尚武为体育课的方向，鼓励学生奔跑、追逐、跳跃、翻腾、对抗、冒险，让体育课成为学生周身流汗、气喘吁吁、狂野不羁地发展野蛮精神的时刻。家长最好与学校建立契约，以便体育老师敢于让学生参与必要的危险动作（在保证安全的前提下），不因学生的身体受到意外伤害而让学校成为被告。

野蛮其体魄的途径除了培养孩子的尚武精神，最好让孩子学会跟自然打交道，保卫孩子的自然免疫系统。讲卫生是文明，但过度讲卫生会导致孩子身体孱弱。日本是比较讲卫生的国家，但这个"第一清洁"的国家正面临危险：极端的洁净嗜好正在降低日本人的免疫力。[1]

现代文明导致人类走向家畜化。野生动物一旦成为家畜，其生存能力和生殖能力就会衰退。人类自我家畜化必将导致身体的文弱和孱弱。拯救人类唯一的办法是遵循自然法的原理，保卫人体的自然免疫力，摆脱过度清洁的束缚，保持人体与大自然的接触，使自己和细菌、寄生虫保持共生关系。[2]人类需要重新回到自然的呼吸状态。步行之所以对健康是重要的，也是因为步行使人回到了大地，既不悬空，也不溺水。因此，有人认为："脚是人的第二心脏。"[3]

文明其精神的首要标志是安静地阅读。但是无论书本世界多么重要，它总是低于和弱于自然世界。自然世界比书本世界更大，配称"大自然"，也比生活世界更加开阔。父母需要多带孩子走出"小家"，进入大自然。大自然会带来大智慧。多一些户外活动，孩子就会多一些大智慧。所以，父母需

[1] [日] 藤田纮一郎. 原始人健康法 [M]. 马英萍，译. 北京：东方出版社，2008：29-30.
[2] 同上：63-68。
[3] 同上：95。

要引导孩子亲近和喜欢这个真实的自然世界。

万事万物的存在皆有道理，父母需要趁早让孩子直观地喜欢自然，研究自然。物理学的源头是生物学。孩子的物理学成绩，取决于孩子的生物学兴趣。当孩子开始喜欢生物，喜欢自然中的花草树木和飞禽走兽，他就会成为少年物理学家。有了对书本世界和自然世界的兴趣，孩子就会有丰富的想象力和好奇心。当生活世界无法满足孩子的想象力和好奇心时，他就会转向科学研究。

在孩子从野蛮走向文明的过程中，自然智慧发挥着重要的作用。智慧的父母会带着孩子从室内走向户外，让孩子喜欢和欣赏自然，走进和亲近自然。因此，不要让孩子总是封闭在钢筋水泥的屋子里，虽然适度封闭有利于培养孩子阅读书本的兴趣，但是适度开放更有利于培养孩子的自然智慧。大自然的鸟语花香可以开阔孩子的眼界，让孩子眼光明亮、心智发达。

自然的就是好的，比较自然的就是比较好的，最自然的就是最好的。问题是，几乎所有的科技都是反自然的。因此，父母在引导孩子学习科学的时候，最好提醒孩子科学技术是有用的，但人们会受科技的诱惑滥用科技。

人和动物的唯一差别应该就是人能够生产和使用工具。但也正是如此，人类的欲望逐渐膨胀。人类早前还算敬畏自然，生活于石器时代，以石头为工具。后来，石器满足不了欲望，发展为铁器，进入铁器时代。再后来，铁器也不能满足人的欲望，进入电器时代。电器只是现代性的初始状态，之后便是化工时代和高科技时代。

当人类对高科技依赖成瘾时，灾难将接踵而至。科技越高深、越高速发展，人类灾难越深重。不见得所有的癌症都由现代科技诱发，但现代科技使得癌症频繁出现。在贫穷的年代，癌症、高血压、糖尿病、心脏病等疾病极为少见。疾病的少见与少发并非因为贫穷，而在于贫穷背后自然、简单而无科技或少科技的生活。凡是科技运行之时，各种现代疾病如癌症、高血压、糖尿病、心脏病等便流行。

科技的直接目的是使人自由，即使马克思也把未来的自由生活完全托付给生产力的发达。但是几乎所有高科技在使人类的自由生活和幸福生活往前迈一步的同时，也使人类的自由生活和幸福生活往后退一步甚至两步。人类在利用科技的同时也成为科技的奴隶，在利用科技征服自然的同时也遭受自然的报复。至于科技是否会最终使人类走向毁灭，尚不得而知。[1]

现代工业尤其是依托生化技术的现代工业的出现，是现代社会的一个重要事件。它既给人们的生活带来物质的富足与便利，也带来了严重的甚至不可逆转的环境破坏。可以见到的事实是：我们身边的河流越来越浑浊，林木越来越稀少，候鸟离开我们后不再回来。比较不易为人察觉却更为可怕的事实是：在那些轰鸣的工厂附近，方圆几十里甚至几百里的地下水资源在逐步变臭、枯竭。那么多工厂在受到环保监管部门的监控后，竟然将污水引向大地的深处。

另一个不易察觉的坏消息是：工业化的无限增长已经导致气候发生变化，最坏的变化是全球变暖。与气候变化、全球变暖相关的可怕后果是：飓风、海啸、地震将更多、更强烈，自然被过度开采，导致更多、更严重的自然灾害。气候变化对人类的另一个直接危害是：传染性疾病对人的生命的杀伤力再次提升，与高温热浪天气有关的疾病和死亡率增加。自人类用药物扼制了天花、霍乱等大肆蔓延的传染病后，近年来，传染性疾病对人类生命的威胁再次升到前位。

环境的恶化开始直接影响人类的生活质量，甚至威胁人类生存。1962年，美国学者蕾切尔·卡逊（Rachel Carson）出版惊世骇俗的著作《寂静的春天》，对农药危害人类环境发出抨击。十年之后（1972 年），"罗马俱乐部"发表了震动世界的研究报告《增长的极限》。由此，环境问题开始引起人们的正式关注。人们提出的最紧迫的问题是："经济增长是否必然会带来环境的破坏？"

作为关注和研究的结果，人们提出"库兹涅茨曲线"：环境污染与经济增长的长期关系呈倒 U 形。当国家经济发展水平较低的时候，环境污染的程

---

[1] 历史上著名的思想实验及其假设是，最后只有"一船人"幸存。电影《2012》再次重复了这个"思想实验"。

度较轻，但是其恶化的程度随经济增长而加剧；当该国的经济发展达到一定水平后，其环境污染的程度逐渐减缓，环境质量逐渐改善。[1] 这是一条令人无奈却又带来希望的曲线：在经济发展过程中，环境状况先是恶化而后逐步改善。

可以说，人类面临的真实问题是：如果承认环境状况先恶化而后逐步改善，那么究竟是什么因素促使环境得到改善？就中国的现实状态而言，现在是否已经到了需要警醒而谋求环境改善的时候？如果某些环境的破坏将不可逆转而无法获得改善，是否应该从一开始就减少那些危重的环境破坏行为？

在环境被破坏的发达国家，环境问题已经引起人们的普遍关注，并通过全民行动促使了"环保的时尚生活"的诞生。当这种"环保的时尚生活"渗入每个家庭的日常生活和每个人的行为习惯之后，环境就会获得改善。

在环境不被污染的前提下，人类才有可能放心地重返自然。中国素来有"道法自然""众生平等"的信念。这个信念意味着彻底放弃"人类中心主义"，不再简单地鼓吹人和动物的区别。返回自然之后，就应该尽可能地用自然的方式对待身体。即便生病，也尽量少吃药，少看医生。生病很正常，无论动物还是植物都会在某个时候生病。生老病死是自然现象。对孩子来说，生病是成长的一部分。

之所以要少吃药、少看医生，是因为人体有强大的免疫系统，可以对抗绝大部分疾病（少数疾病例外）。由于每个人的体内都有强大的免疫系统，时间就成为治病最好的医生。免疫系统和时间能够医治绝大部分疾病。

和人一样，动物和植物也有强大的免疫系统。动物或植物也会生病，但它们从来不看医生。正因为它们不看医生，才一直保留了强大的免疫能力。这正是动物和植物健康、美好的原因。动物和植物采天地之灵气，集日月之精华，它们不信任医药，只信任自然。

但是现代人似乎普遍抛弃了这个道理。孩子生病之后，有些父母抑制不住地焦虑，会让孩子立刻吃药并希望药到病除。人们只相信，吃药可以帮助

---

[1] 参见：赵云君、文启湘. 环境库兹涅茨曲线及其在我国的修正 [J]. 经济学家，2004（5）.

人尽快恢复健康，但很少考虑吃药的后果：几乎所有的药都是有毒的，医药杀死了病毒，也破坏了人体的免疫系统。

为了孩子身体健康，不仅需要少吃药，而且要少吃营养品。少量补充营养品也许对孩子的身体是有益的，但更多的营养品由于其来路不明更可能成为刺激孩子畸形发展的激素甚至毒药。

因此，野蛮其体魄的基本标准是让孩子有足够睡眠、足够运动，多吃五谷杂粮，尽量少吃药、少看医生、少吃营养品。五谷杂粮和运动是最好的营养品。现代人即便无法返回农耕或游牧时代，至少可以从"日出而作，日落而息。凿井而饮，耕田而食。帝力于我何有哉"[1]中寻找拯救的方向和方法。

（三）动静结合，道法自然

文明其精神偏向安静，野蛮其身体侧重运动。让孩子成为有教养的人，就是让孩子学会动静结合、文质彬彬。

动静结合的标志是"动如脱兔，静如处子"。静生阴，动生阳，动静结合，养成发达的元气。元气充沛者，生命健朗，元气不足，则生命微弱。

文质彬彬原本是中国的古典智慧，这是中国教育的古风。现代人将文质彬彬理解为文雅、文明。其实，文质彬彬的完整说法是既有基本的文明又有必要的野性。"质胜文则野，文胜质则史。文质彬彬，然后君子。"文质彬彬可以称为文明的野蛮人或高贵的野蛮人，或曰有野性的文明人。

教育孩子并不简单，但也没那么复杂。智慧的父母只需要给孩子讲故事，引导孩子读故事，孩子就会逐步走向文明。接下来，再引导孩子跑步或者游泳。游泳依然是"跑步运动"，是在水里跑步。几乎每个孩子都喜欢跑步，这是所有动物的本能。几乎每个孩子都喜欢游泳，因为孩子在没有出生之前就已经在母体里学会了游泳。就此而言，游泳是孩子具有的先天经验。还可以引导孩子参加两项以上的球类运动，同时不忘让孩子练习跑步，因为跑步是所有运动的基本组成要素和前提。

---

[1] 语出古诗《击壤歌》。

让孩子学会安静，可以从读书开始。但阅读会引发思考，心思则气结，损耗宝贵的元气。因此，除了阅读，真正的安静运动是睡眠。如果说动静结合之动是运动，动静结合之静则主要是睡眠。智慧的父母总是把足够睡眠当作教育孩子的头等大事。任何以牺牲睡眠为代价的成功或努力都是对生命的损耗，也是对生命的不尊重。让孩子保持身心灵性的最好办法是从容而自然地生活，饥则食，困则眠，日出而作，日落而息。

在动静之间，现代人往往过于强调安静而忽视运动。父母或老师往往过于看重让孩子"上课用心听讲，不做小动作"，而不那么重视身体运动或人际交往活动。这样做会导致"男子汉消失"。在普遍重视读书而不重视运动的现代社会，无论人们如何寻找男子汉，他们终究会逐渐萎缩。

与之相反，男子昔日的地位会被女子取代。女子不仅会雄霸课堂，成为学习的高手，而且会在工作甚至体力上占据上风。因此，有人感叹，现代社会或文明社会的基本标志是整个社会的女性化，现代教育就是使人变得文雅、殷勤、彬彬有礼。相反，昔日的男子汉气概及其勇敢只不过是属于"一切未开化的民族"的美德，只有野蛮人才赞颂勇敢甚至崇拜强盗。[1]

在男人中心的社会中，女子地位的上升也许算得上一种社会的进步。但就总体而言，最好的状态既非男子中心，也非女子中心，而是男女有别，和而不同。现代社会有种种进步，但需要有基本的忧患意识。当男人普遍堕落为慵懒的人群，就需要教育重振山河，让男孩学习知识的同时，强化其身体的野性，尤其需要通过跑步或球类运动，提高其身体的力量与灵性，阻止其堕落。

同样，从忧患意识的视角来看，文武双全的重点在于尚武精神。小康社会尤其需要强化文武双全的意识，让身体运动再次担当教育的大任。就普遍重视知识而轻视身体的现代教育而言，教育改革的重要方向之一就是重视

---

[1] [英]休谟.道德原则研究[M].曾晓平，译.北京：商务印书馆，2001：96–107.休谟的朋友亚当·斯密也持同样的观点。亚当·斯密认为，文明人崇尚谦让和灵活变通，这些品质在野蛮人那里被看成最不能原谅的女人气质。野蛮人崇尚勇气。详见：[英]亚当·斯密.道德情操论[M].蒋自强，译.北京：商务印书馆，1998：260–265.

体育，恢复文武双全、文质彬彬的教育古风，让文化课与体育课成为学校教育中并驾齐驱的两类重要课程。文化课与体育课虽然不必在时间上平均分配，但至少应该让学生每天有足够的锻炼时间。"每天锻炼一小时，健康工作五十年，幸福生活一辈子。"[1]

二、劳逸结合：生活习惯好，有生活情趣

劳逸结合指向劳动教育和美育，是劳动教育与美育的相互补充与交替。劳动的首要责任是自食其力，不做依赖和依附他人的寄生虫。但劳动并非目的，劳动的目的是让自己过有安全感的独立生活。安全感得到保证之后，就需要由劳动转向审美游戏。借助审美游戏，过有情趣的生活，这才是人的目的。

（一）因劳动而性格好

劳动可以培养孩子的责任感。劳动的首要目的是让自己获得自由。不劳动的人之所以不自由，是因为他们不得不依赖他人的劳动。依赖他人的劳动，就会受到他人的控制。

更为严重的后果是，不劳动的人往往是生活的旁观者而不是参与者。袖手旁观的人容易不珍惜他人的劳动成果，对他人的劳动提出抱怨。一个从不做饭的孩子，会挑剔父母做饭的质量。一旦孩子亲自做饭做菜，即便放太多盐，他也不会抱怨他人而是自我反思。只有参与劳动，人才会懂得劳动的艰辛，珍惜劳动成果，并由此成为少抱怨、有责任感的人。

性格好有多种特征，比如乐观、开朗、少抱怨、少抑郁、善良、有同情心、有责任感。这些品质正好可以通过劳动的方式来培育和强化。三岁前后的孩子虽然乐于劳动，但他仅仅把劳动当作游戏。九岁前后的孩子已经开始出现好逸恶劳的倾向，此时正是养成劳动习惯的关键期。将劳动作为游戏虽

---

[1] 焦新.教育部印发规定，切实保证中小学生每天锻炼一小时 [J].中国教育学刊，2011（9）：33.

然能够带来快乐，却很难培育责任感。将劳动作为自食其力的义务并由此形成习惯，才有利于培养孩子的责任感和担当意识。

为了培养孩子的劳动习惯，父母最好利用三岁前后的孩子把劳动作为游戏的倾向，邀请孩子一起参与家务劳动或社区志愿劳动。在孩子六岁前后，父母可以让孩子学会管理自己的生活，承担必要的家务劳动。

遗憾的是，现代父母总认为六岁前后的孩子还小，不必承担劳动，又因为爱心丰富而泛滥，往往愿意为孩子做任何事。九岁前后是孩子建立规则的关键期，而规则的核心是自食其力："滴自己的汗，吃自己的饭，自己的活自己干。"

如果九岁前后没有建立自食其力的劳动习惯，到了十五岁前后，孩子不仅不会劳动，而且会养成慵懒无聊、随时抱怨、挑剔指责甚至哭闹的坏毛病。到了十五岁前后，孩子的种种坏毛病已经积习难改。

每个父母都爱孩子，但任何情感欲望都需要有所节制。为了教出有教养的孩子，父母需要提醒自己，不能爱心泛滥，要为孩子留出劳动的时间和空间。劳动是成长的最佳途径，在德、智、体、美、劳五育之中，劳动教育虽然位列最后，却也最重要。相反，德育虽然位居第一，却是一个空架子，它必须通过劳动教育来实现。德育不是空洞的说教，其实现的基本途径恰恰是劳动教育。

爱心泛滥的父母貌似爱孩子，其实他们泛滥的爱心恰恰是孩子成长的毒药。父母代替孩子劳动，就是剥夺孩子成长的权利。相反，有教育智慧的父母总是善于在适当的时机，让孩子承担适当的劳动。不让孩子承担劳动是圈养，让孩子承担劳动是放养。圈养的动物总是显得慵懒且愚蠢，而放养的动物总是思维敏捷、身体矫健、性格爽朗。

（二）因劳动而身体好

虽然可以通过运动促进人的身体健康，但劳动可以成为运动的最好补充。劳动本身就有运动效果。人在出力流汗的劳动中，四肢及整个身体都会得到锻炼。农民之所以没有进行专门的运动依然身体健康，主要在于他们在生产劳动中已经完成了必要的运动量。

农人的生产劳动往往是全身心的、完整的活动。农人在生产劳动中需要思考如何解决问题，智力因此得到发展，往往也需要独立承担各个环节的生产劳动。有些劳动也许只需要动手或动脚，但更多的劳动需要四肢与腰背的共同配合，四肢发力，全身运动，周身流汗。完整的劳动让农人四肢发达，虎背熊腰。

农人不需要专门的运动，相反，各种运动几乎都是对劳动的模仿。运动员的运动是对农人劳动的模仿，但农人的劳动并不是模仿运动员的运动。

现代人之所以身体普遍瘦弱或异常臃肿，手无缚鸡之力，正是因为他们普遍被纳入分工体系。分工是现代社会的基本特征，这虽然提高了现代社会的工作效率，但是也导致每个人只承担某个环节的劳动，完成这个环节的工人仅仅需要使用人体的某个部分。劳动的分工导致身体的畸形发展。马克思等人之所以提出"教育与生产劳动相结合"，正是针对分工导致的种种问题。它既要解决生产劳动者不接受教育的问题，也要解决受教育者不参加生产劳动的问题。新时代的劳动教育并不限于生产劳动，但生产劳动依然是所有劳动的源头和初心。劳动是否具有健体的效果，取决于我们能否从生产劳动那里寻找劳动的本源力量。家务劳动、服务性劳动虽然是重要的，但依然需要从生产劳动那里寻找"出力流汗"的劳动本性。丢掉了"出力流汗"的本性，劳动就会残缺不全，也不可能实现"以劳健体"的理想目标。

（三）不仅有劳动习惯，而且有艺术和体育特长

劳动虽然重要，但劳动的目的只在于自食其力，解决温饱问题。解决了温饱问题之后，劳动可以退居次要位置，转向业余爱好和情趣生活。相反，过度劳动反而会破坏身体、智力和性格的正常发展。在乱世和艰难年代，勤劳是一种美德，需要共克时艰。

满足基本的物质生活之后，就需要发展丰富的精神生活，增加生活情趣，不为争名夺利而忙碌，否则就会退化为贪婪。就此而言，忙碌的人是可耻的。

过度劳动不仅会累及自身，而且会对他人的生活构成侵扰。劳动原本只是解决温饱问题的手段，在自然人那里，温饱问题一旦解决，便会立刻停止劳动，因为他们可以为了将来积累必要的财富，但没有必要因此变得贪婪。

重视劳动、提倡自食其力是必要的，但"劳工神圣"的说法仅适合乱世或表达太平盛世中的忧患意识。劳动本身不是目的，不必以"业精于勤而荒于嬉"为理由而长期兢兢业业。审美游戏及由此带来的业余爱好与生活情趣也不必然带来学业的荒芜。相反，无论是国家的进步、社会的发展，还是个人的成长，都需要有基本的业余爱好和游戏精神。

胡适提出了文明社会的三个标准："你要看一个国家的文明，只消考察三件事：第一，看他们怎样待小孩子；第二，看他们怎样待女人；第三，看他们怎样利用闲暇的时间。"[1]这样看来，善于利用闲暇的时间不仅是个人的教养问题，而且事关国家或家庭的整体发展状态。

真实的生活可能既非忙碌地劳动，也非放纵地游戏。即便太平盛世，也需要有基本的忧患意识。解决了温饱问题，还需要劳逸结合。真实的生活既需要忙碌，也需要忙里偷闲。忙里偷闲是幸福生活的重要体现。幸福生活既需要有一技之长，自食其力，勤劳致富，又需要有基本的闲情逸致、业余爱好、生活情趣。对于九岁前后的孩子来说，自食其力是重要的，但也需要发展自己的审美游戏，有艺术特长，以此增加自己生活的情趣。

孩子九岁前后既是养成自食其力并由此发展责任感的关键期，也是发展艺术特长和体育特长并由此发展生活情趣的重要阶段。九岁前后（小学阶段）的孩子如果没有发展足够的艺术特长和运动特长，进入中学后就会成为艺术与体育的"双差生"。

人还可以将专业生活与业余生活合二为一，这意味着这个人痴迷自己的专业工作。但是这样的人并不多，一般人并不痴迷自己的专业工作。业余生活最好以艺术与体育特长为核心，而没有业余生活的人是不幸的，他们的业余生活很容易被不良嗜好占据。其实，艺术特长与体育特长是在与不良嗜好

---

[1] 胡适.慈幼的问题[M]//胡适文存（三集卷9）.合肥：黄山书社，1996：584.

争夺业余生活的空间。

为了孩子的幸福生活，需要引导九岁前后的孩子至少掌握两项艺术特长和体育特长。艺术特长在于培养孩子的审美游戏精神和业余爱好而不是成为专业艺术家。同样，体育特长在于培养孩子的运动游戏精神和业余爱好而不指向身体健康。通过体育让孩子身体健康，这是文武双全的追求；让孩子有运动游戏精神，这是劳逸结合的追求。

艺术特长包括音乐和美术，音乐如唱歌、跳舞（含蒙古舞、新疆舞、西藏舞、街舞等）、弹钢琴、拉小提琴、吹竹笛、吹葫芦丝、拉二胡等，美术如书法、绘画（含国画、油画、版画、漆画）、泥塑、根雕等。

体育特长包括跑步、游泳（含蝶泳、自由泳、蛙泳和仰泳）、打乒乓球、打羽毛球、打网球、打篮球、打排球、踢足球、打棒球、跳绳等。一般将乒乓球、羽毛球和网球称为"三个小球"，将篮球、足球和排球称为"三个大球"。在讨论"野蛮其身体"时，六个球类运动已经被纳入基本的体育项目。除此之外，也可以引导孩子参加游泳、击剑、跆拳道、滑冰、骑马、毽球、花样跳绳、玩飞盘等运动项目。这些项目既是"野蛮其身体"的体育活动，也可以作为情趣生活的体育特长与体育游戏。

既然艺术特长和体育特长的主要目的在于培养游戏精神，那么最好让九岁前后的孩子在艺术特长和体育特长方面达到掌握的水平，能够自娱自乐。游戏是有技巧和规则的，在发展孩子艺术特长和体育特长时，也需要鼓励孩子掌握必要的技巧和规则。即便不能技压群雄，至少要掌握基本技巧，能随时随地参与他人的审美游戏与运动游戏。

三、通情达理：性格好，善于情绪管理

通情达理指向德育和情感教育。在孩子九岁前后，德育的核心是帮助孩子建立规则意识及相关的法治意识，情感的核心则是亲情、友情及对异性的尊重。

（一）理性教育

理性教育主要包含三部分：权力教育、权利教育与权变教育。但完整的权力教育、权利教育和权变教育需要等到十五岁前后才可以逐步发展。九岁前后的理性教育主要包括制定和遵守规则。一旦破坏规则，没有兑现承诺，则要接受相应的惩罚。

理性教育的另一重要侧面是让孩子学会保护自己的生命安全。父母最好告诉孩子，不要轻易跟陌生人说话，如果遇到陌生人问路，可以友好而快速地指路，但不要亲自带路；告诉孩子，不要上陌生人的车，如果有陌生人意欲拉自己上车，就要大声求救。

父母最好告诉孩子，要学会保护自己的身体的隐私，短裤、背心覆盖的地方不许别人触摸。那些地方很脆弱，容易受到伤害。同时告诉孩子，可以保守自己的一些小秘密，但是不要为坏人保守秘密，不要被坏人欺骗。

父母最好告诉孩子，如果感觉有地震，最好迅速跑到空旷的地方，如果来不及应就近躲避，用手或书本、枕头、被子护住头部，蹲在或趴在屋内容易形成"三角空间"（比如承重墙的墙角处、厕所、厨房）的地方，千万不要跳楼、靠近窗外、到阳台上去、乘电梯。

一般人认为，躲在桌子或床铺下面最安全，但是有地震搜救经验的专业人员给出的答案是：如果躲在桌子、床铺下，伤亡率高达98%。比较安全的方法是采用比桌或床高度更低的姿势，躲在桌子或床铺的旁边。因为桌子、床铺、汽车等都无法抵挡下落物的重压，躺在其旁边，往往能形成三角空间。告诉孩子，如果发生火灾或毒气泄漏，要用湿毛巾捂住口鼻，顺着逆风的方向逃离现场。

（二）情感教育

无论理性教育及遵守规则、制定规则多么重要，培养九岁前后孩子的亲情和友情才是教育的关键任务。休谟断言："理性是并且也应该是情感的奴隶。"[1]这个说法尤其适用于对待九岁前后的孩子。健康的理性寓于健康的情感。情感出了问题，理性就会混乱或崩溃。

情感教育主要指向三种感情：亲情、友情和爱情。三者之间，中国传统文化侧重亲情，西方传统文化侧重友情。

在孩子三岁前后，亲情高于和优先于友情与爱情。三岁前后的孩子无所谓爱情，至多会将父母作为爱情的对象，可能会认真地宣布跟父亲或母亲结婚。但是，三岁前后的孩子会有友情，而且以身边的亲人作为重要的友情伙伴。父母需要引导孩子发展出正常的友情意识，但此时的友情需要以亲情为基础。

在孩子九岁前后，亲情需要逐步让位于友情。尽管友情需要等到孩子十五岁前后才会成为重要感情，但父母需要在孩子九岁前后培养他们的友情意识。友情既是亲情的重要补充，也是爱情的前提条件。

缺乏友情的亲情终究会流于形式。无论孩子多么孝敬父母，倘若这种孝敬不建立在友情的基础上而仅仅因为血缘关系，这种孝敬之善就是伪善。

缺乏友情的爱情也会始乱终弃。所谓爱情，就是找对象。所谓对象，就是一对人，看起来很像，彼此能够从对方那里看到自己，看到自己喜欢的种种美好的身体特征或精神追求。

对于九岁前后的孩子，依然需要从亲情逐步过渡到友情。从孝敬父母和友爱兄弟开始，然后由立足血缘关系的亲情发展出立足忠义精神的友情。自幼孝敬父母，长大则尊敬师长，"移孝作忠"。中国教育的古典传统是："其为人也孝弟，而好犯上者，鲜矣；不好犯上，而好作乱者，未之有也。君子务本，本立而道生。孝弟也者，其为仁之本与。"[2]

但是，从亲情过渡到友情需要一个中间环节。这个中间环节就是同伴游戏。为了培养九岁前后孩子的友谊，父母最好让孩子发展与同龄人的社会交往活动。即便父母不善于社会交往，有了孩子之后，当孩子和别的孩子交往

---

[1] [英]休谟.人性论（下册）[M].关文运，译.北京：商务印书馆，1980：453.
[2] 详见《论语·学而》。

时，也可以与别的孩子的父母组建朋友圈。

为了让孩子有交往的同伴，父母要尽量为孩子创造一个比较好的环境。虽然不可能轻易搬家，但如果有条件，还可以为孩子选择合适的同伴圈子。中国历史上流传着"孟母三迁"的故事。孟母每一次搬迁，都是为了让孩子有一个更适合成长的朋友圈。

即便发展了一个比较高级的朋友圈，孩子与同伴的交往依然需要有共同的语言。如果缺乏共同语言，孩子就会被同伴忽视甚至排斥。

艺术特长与体育特长就是孩子游戏的共同语言。乡村的孩子因为立足大地，而大地随着季节变换可以为孩子提供丰富的自然游戏，如玩泥巴、掏蜜蜂、烧野火、钓鱼等。城市的孩子失去了自然游戏的天然场地，不得不发展适合城市生活的艺术特长与体育特长。九岁前后的孩子之所以必须发展出艺术特长和体育特长，除了因为这个年龄阶段是孩子艺术和运动的敏感期，还因为艺术特长和体育特长可以让孩子拥有与他人游戏的共同语言，可以凭借艺术特长和体育特长呼朋引伴，欢乐聚会。

（三）通情达理与他人意识

通情达理是人一辈子都需要修炼的教养。它的底线是善于管理情绪，"心中有他人"。孩子的通情达理不是天生的，需要父母的示范。最幸福的孩子就是身边有通情达理的父亲和母亲，因为孩子的通情达理往往来自父母的通情达理。通情达理的教养很少来自正式的讲授与学习，更多的是非正式的示范与模仿。

相反，自以为是且脾气暴躁的孩子，往往有一个暴君式的父亲或者母亲。孩子的暴力或戾气往往能在父母的生活习惯中找到根源。如果父母习惯于使用简单粗暴的方式处理生活矛盾，孩子就会对暴力或戾气有模仿的倾向或信念。如果父母习惯于用暴力的方式对待孩子，孩子就会崇尚以暴制暴。杀鸡给猴看的结果是，猴子也学会了杀鸡。

智慧的父母会引导孩子学会用讨论、商谈、讨价还价的方式处理生活矛盾，最终是理解或制定相关的规则。父母在引导孩子尊重和敬畏已有的法治和规则时，最好也邀请孩子参与家庭会议。在正式或非正式的家庭会议中，让孩子学会参与讨论，共同制定并遵守规则。在要求孩子遵守规则的同时，父母也要遵守规则。如果父母违规，要主动承认错误并接受必要的惩罚。

其实，民主是一种不卑不亢、刚柔相济、与人合作的社会交往性格。民主性格最明显的特征是善于管理情绪，既尊重自己，也包容他人。具有民主性格的人，往往善于管理情绪，既不压抑自己，也不以自己的特立独行攻击他人。所谓有教养，就是不让他人感到不舒服。

孩子的性情虽然受遗传的影响，但父母的生活方式及其教育方式也会改变孩子为人处世的价值观。如果夫妻相互尊重，孩子也能学会尊重他人。如果夫妻相互宽容并欣赏，孩子也能学会宽容并欣赏他人。如果男性不尊重妻子，儿子就可能学会在学校不尊重女同学。如果女性不尊重丈夫，女儿就可能学会在学校瞧不起男同学。有些夫妻关系不和，如果经常吵架，孩子夹在中间不仅很难受，甚至会变得"神经质"，长大后对异性、对婚姻会持怀疑的态度。因此，要想孩子性格好，家长在孩子面前就需要注意言说方式和行为方式。

总之，九岁前后的孩子需要初步具备通情达理的社会交往情绪。这个年龄阶段的孩子不能像三岁前后的孩子那样局限于狭窄的亲情关系。三岁前后的孩子需要适度封闭，不能过早开放，以亲子之间的亲情关系为主为孩子建立一个有安全感的生长环境。但是，九岁前后的孩子需要在亲情的基础上增加社会交往并由此发展友情。因此，为了发展孩子的友情，父母最好鼓励孩子参与必要的同伴交往活动，强化孩子的社会情感学习（social emotion learning，简称 SEL）。

第五章　九岁前后为何需要规则教育

如果说三岁前后的孩子需要自由发展的空间，父母需要尽可能为孩子提供自由教育，发展孩子的情感、语感和动感等感性与感官潜能，不必过多地干涉孩子的自由发展，那么九岁前后的孩子需要逐步由自由教育走向规则教育。九岁前后的孩子开始出现比较明晰的自我意识，这是孩子走向懂事的初始阶段，也是孩子能否形成某些好习惯和改变某些坏习惯的关键阶段。如果错过这个关键期，父母要想改变孩子的坏习惯，就会比较困难。

一、从自由教育到规则教育的过渡期

人的成熟意味着他拥有了懂得该做什么和不该做什么的规则意识，这样的人往往具有强大的意志力。但是，规则意识和意志品质是十五岁前后孩子的人格特征，而九岁前后是孩子从自由意识转向规则意识的过渡期。在过渡期，父母需要让孩子逐步养成文武双全、劳逸结合和通情达理的生活习惯，做到家庭教育与学校教育保持合作，通过家校合作共同培养孩子的规则意识。

（一）三岁前后需要柔的教育，九岁前后需要增加刚的教育

1919年，鲁迅在《新青年》上发表《我们现在怎样做父亲》一文，这篇文章后来成为中国家庭教育领域的名篇。在这篇文章中，鲁迅指出："各自解放了自己的孩子。自己背着因袭的重担，掮住了黑暗的闸门，放他们到宽

阔光明的地方去；此后幸福的度日，合理的做人。"[1] 六年后（1925 年），朱自清发表《背影》一文，详细记录了父亲的柔情。可是，无论是鲁迅还是朱自清，他们在孩子的教育问题上，都成为家庭教育研究领域引发争议的话题。

一般而言，孩子三岁前后需要柔的教育，但在三岁之后，需要增加刚的教育，通过刚柔相济的陪伴，让孩子在九岁前后建立应该做什么和不应该做什么的规则意识。

鲁迅在孩子三岁前后确实提供了柔的教育，"俯首甘为孺子牛"，但在孩子九岁前后，依然保持柔的教育。

相反，朱自清在孩子三岁前后就开始刚的教育。孩子两岁半时，因为怕生人，爱哭，一旦看不到妈妈或来了客人，就哇哇大哭。为了惩治孩子，"有一回，特地骗出了妻，关了门，将他按在地下打了一顿。这件事，妻到现在说起来，还觉得有些不忍；她说我的手太辣了，到底还是两岁半的孩子！"对待另一个孩子的教育更加刚硬："阿菜在台州，那是更小了；才过了周岁，还不大会走路。也是为了缠着母亲的缘故吧，我将她紧紧地按在墙角里，直哭喊了三四分钟；因此生了好几天病。妻说，那时真寒心呢！"

正是因为这样，朱自清写道："我是个彻头彻尾自私的人，做丈夫已是勉强，做父亲更是不成。自然，'子孙崇拜''儿童本位'的哲理或伦理，我也有些知道；既做着父亲，闭了眼抹杀孩子们的权利，知道是不行的。可惜的只是理论，实际上我是仍旧按照古老的传统，在野蛮地对付着，和普通的父亲一样。"[2]

英国人洛克在谈论家庭教育时建议家长以严格管教的方式训练儿童的德行，以便让儿童"有礼貌"："儿童越小就越需要严格管教，一旦获得效果之后，便可以放松，改为比较温和的管教方法。"[3]

---

[1] 鲁迅 . 我们现在怎样做父亲 [J]. 新青年，1919（6）.

[2] 有关朱自清如何教育孩子的故事，详见：王东华 . 发现母亲 [M]. 北京：中国妇女出版社，2003：554–555.

[3] [英] 洛克 . 教育漫话 [M]. 傅任敢，译 . 北京：教育科学出版社，1999：27. 对译文略有调整。洛克的原观点是：儿童越小越需要严格管教，一旦获得效果之后，便可以放松，改为比较温和的管教方法。这一先紧后松的思路后来为康德采纳。

孩子到三岁有了自我意识之后，父母就要逐渐地尊重孩子的意志。父母的干涉应在孩子进幼儿园之前结束，否则会扼杀孩子的本能，使孩子滋生反抗情绪。[1] 洛克也承认，若管教过于严格也成问题，必须找到既严格管教又让孩子不至于性格懦弱的秘密："如果他们因为管教太严，精神过于颓唐，他们便会失去他们的活力和勤奋。……他们的态度是懦怯的，精神是抑郁的，很不容易振作起来，极难作出什么事业。"[2]

究竟何种要求才算严格，何种要求又过于严格，这取决于家长的修养与教育技巧。不过，问题也没有那么复杂。按照洛克的思路，如果家长不知道如何把握严格与过度严格的界限，可以在严格要求的前提下逐步放松，先做权威型父母，再做民主型父母。

（二）养成独立解决问题的习惯，让孩子承受必要的挫折

有人用老鼠做有关挫折教育的实验研究，以此来比较受过挫折的老鼠和得到庇护的老鼠的抗压能力。实验之后，让不同的老鼠接受简单的压力测试。地板是通电的，只要老鼠跑开，就会脱离触电的环境。结果显示，那些未"经过处理"的未接受挫折的老鼠，轻微的电击就会让它们焦虑不安，跌跌撞撞，几乎无法到达安全的地方。相反，那些"被处理过"的受过挫折的老鼠表现得很出色。它们反应快速，逃离现场的步伐也很自信，较少焦虑。[3]

如果在三岁前后没有得到母亲的抚摸、轻吻、拥抱，这个孩子很可能因无法跟母亲建立依恋关系显得焦虑、神经质。但是，如果孩子在九岁前后依然被母亲过度庇护、过度保护，他就会失去承受挫折、独立成长的机会。

孩子由依赖父母逐步转向独立生活，不可避免地会遭遇一些挫折和失败。承受挫折和失败是孩子成长过程中必须接受的课程，父母没有必要专门创设让孩子受挫和失败的条件。但是当孩子在真实的生活中遇到可以自己克服的挫折和困难时，父母有责任保有必要的关注和守望，不急于提供帮助。

---

[1] [日] 井深大 .0—3 岁幼儿教育 [M]. 童心，朱秋云，译 . 北京：知识出版社，1985：6-8.

[2] [英] 洛克 . 教育漫话 [M]. 傅任敢，译 . 北京：教育科学出版社，1999：28.

[3] [美] 布鲁姆 . 孩子，怎样爱你才对 [M]. 江水东，译 . 沈阳：万卷出版公司，2010：98.

让孩子通过自身努力克服困难，就是"化蛹为蝶"。化蛹为蝶的过程，蝴蝶幼虫需要亲自挣扎。当幼虫破蛹而出时，它会在挣扎的过程中将体液输入翅膀，直到翅膀完全干燥硬化、体温回升后展翅飞行。相反，如果有人看到幼虫的挣扎过于辛苦而用剪刀剪开蚕蛹，蝴蝶虽然能够轻松地爬出来，但它无法展翅飞翔，成为真正的蝴蝶。

父母需要为孩子提供必要的帮助，但智慧的父母不会轻易这么做。当孩子遇到困难时，父母要培养孩子亲自解决问题的意识，想方设法让他们亲自解决问题，不会代替孩子去克服困难。同时，当孩子犯错误时，在纠正孩子不良习惯的过程中培养他们的规则意识。

（三）实现教育的刚柔相济

父母管教孩子，一般有放任型、权威型和民主型三种风格。放任型的父母允许孩子为所欲为，只要他愿意，可以怎么想就怎么做。权威型的父母制定规则，很少给孩子选择的机会，并且期望孩子遵守规则。民主型的父母重视公平意识，考虑每个人的感受，给予孩子许多选择的机会，并按照少数服从多数的原则做决定。

权威型的父母实际上是那些有威信的父母，他们让孩子在生活中既享受父母的爱，又保持对规则的敬畏。成功的家庭教育总是让孩子的身边有一个或几个最喜爱又最敬畏的人。好家长就是让孩子既敬畏又喜欢，不好的家长则只让孩子畏惧而不喜欢。

有人对上述三种家庭中孩子的适应能力进行追踪研究，结果令人意外：在放任型家庭中长大的孩子很难与其他人合作或者相处；在民主型家庭中长大的孩子没有决断能力；在权威型家庭中长大的孩子会成为适应能力最强的人，他们能够自己做决定、遵守规则、善于与他人合作。[1]

九岁前后的孩子除了需要有权威型的父母外，最好还有一个类似于电

---

[1] [美] 珍妮·艾里姆，唐·艾里姆. 养育儿子 [M]. 柴海鹰，译. 北京：北京出版社，2003：164-165.

074 ··· 如何让孩子性格好、身体好、学习好

影《大宅门》[1]里季宗布老师那样的重要他人。一两"威信"，胜过一公斤"说教"。

如果没有威信作为教育的前提条件，劝说越多，则越令人厌恶。一次，美国作家马克·吐温在教堂听牧师演讲。最初，他觉得牧师讲得很好，让人感动，准备捐款。过了10分钟，牧师还没有讲完，他有些不耐烦了，决定只捐一些零钱。又过了10分钟，牧师还没有讲完，于是他决定1分钱也不捐。到牧师终于结束了冗长的演讲，开始募捐时，马克·吐温由于气愤，不仅未捐款，还从盘子里偷了2元钱。

家庭教育的失败，常常是因为家长在孩子面前失去了基本的教育威信。这种威信一旦消失，家长在孩子面前便失去了话语权，对孩子苦口婆心的叮嘱或头头是道的劝说就失去了力量。如果家长只有威严而不能让孩子信任，其教育就会退化为教训。只有教训而没有教育，会让孩子成为唯唯诺诺的"家奴"，失去堂堂正正做人的自信、尊严和激情。

父母的责任是以严慈相济的方式与孩子约定规则，建立家庭契约。如果孩子违约，背离生活规则和学习规则，家长可以让孩子直接接受惩戒，不需要在孩子面前喋喋不休地劝说。喋喋不休，不如三言两语。无论家长还是教师，都不必过于依赖语言的劝说。

二、孩子九岁前后为何父亲的作用更重要

在孩子三岁前后，母亲的作用大于父亲，历史上有不少"重要人物"是由寡母带大的，但很少有重要人物是由父亲一人带大的（除非这位父亲能够扮演母亲的角色）。但是孩子九岁前后，父亲的作用越来越重要。这与男人和女人的性别差异有关。男人和女人主要有三个差异。

---

[1] 最初为电视剧，后来改编为电影。该电视剧和电影所叙述的故事可以视为出色的成长小说或教育小说。

（一）男人和女人的心理差异

虽然所有人都重视情感，但相比之下，女人比男人更有爱心和同情心，且更有耐心。男人往往比较冷酷、残忍、暴力。在有暴力倾向的人群中，男人的比例远远大于女人。

男女的这些心理差异与其身体特征有关联。女人以弹性为美，男人以刚性为美。身体力量上的差异使男人和女人用不同的方式对待他人的错误或失误。女人看到孩子犯错时往往选择劝说或语言批评的方式，男人看到孩子犯错时更愿意采用警告、禁止、剥夺甚至体罚的方式。三个女人在一起就是故事，而三个男人在一起就是事故。

即便吵架，男人和女人的方式也不一样。女人吵架时虽然也会讲道理，但更重视自己的情感宣泄和对方的态度反应，男人吵架则更愿意采用分类型、做比较、找关系的方法。

女性重视情感的特点正好适用于陪伴三岁前后的孩子，有利于孩子建立情感依恋关系。男性重视理性、比较强硬甚至倾向于暴力的特点正好适用于陪伴九岁前后的孩子，通过尝试错误和自然后果惩罚的方式让孩子学会形成规则意识。

（二）男女在交流风格上的差异

虽然说话是所有人的基本需要，但相比之下，女人更重视说话，一旦有想法，她希望找人倾诉。而男人更愿意沉默或行动，默默地思考或三言两语地解决问题。

男人和女人向来以不同的姿态对待语言。女人聚会可以长时间聊天，而男人聚会往往会组织活动，如打球、打牌。即便聊天，男人也不会像女人那样围成一个圆圈，更愿意一边走路、干活，一边聊天。女人有语言的天赋。无论学母语还是外语，男人往往比女人显得笨拙一些。

女性的语言天赋正好用来帮助三岁前后的孩子学会说话，培养孩子的语感。男性的寡言少语，正好用来陪伴九岁前后的孩子，让孩子在尝试错误中学习，培养孩子的自学意识和自学能力。

（三）男女在思维上的差异

女人比较重视手工劳动及与之相关的感觉思维、形象思维和直觉思维，她们普遍喜欢照镜子和拍照，可能与此有关（但不是说女性只有通过照镜子、照相才能看到自己的样子）。男人虽然也喜欢劳动和运动，但更重视能够发挥力量的工作方式或运动方式。

正因为女性比较重视手工劳动及相关的感觉思维、形象思维和直觉思维，所以比较适合陪伴三岁前后的孩子。三岁前后的孩子正好处于感觉思维、形象思维和直觉思维比较发达的阶段。这个年龄阶段的孩子与母亲是合拍的，母子连心。"母亲是我们的家，我们来自那里；母亲是大自然，是土地，是海洋，但父亲却没有这些特征。在第一年他和孩子很少接触，这时他的重要性不能与母亲相提并论。"[1]

但是，九岁前后的孩子更需要一个比较有权威的父亲为他提供权威的指导。在孩子九岁前后，家庭教育最好由宽松的"母亲的课程"逐步转向权威的"父亲的课程"。如果父亲不在孩子的身边，母亲最好转换角色，承担父亲的角色。这里的母亲或父亲，主要是教育学意义而不是生理学意义上的概念。如果母亲一直对孩子显得比较严厉而父亲显得比较慈爱，由慈爱的父亲陪伴三岁前后的孩子、由严厉而权威的母亲陪伴九岁前后的孩子，也是合适的。只是从传统的角色分配来看，一般的家庭往往呈现为"慈母严父"的状态。

在孩子九岁前后，正是夫妻关系出现"七年之痒"的时期。为了孩子的健康成长，夫妻需要相互沟通、理解和宽容。如果夫妻之间无法维持感情而离婚，一方也不必因为对另一方的怨恨而禁止孩子接触对方。父母离婚已经给孩子造成深度伤害，单身母亲或单身父亲在孩子面前诋毁对方的形象，将给孩子的成长带来雪上加霜的灾难。

---

[1] 王东华. 发现母亲[M]. 北京：中国妇女出版社，2003：312-313.

也就是说，夫妻即便离婚，最好也让孩子跟父母保持长期而稳定的交往，以便让孩子从最亲近的人那里获得足够的爱与帮助。或者，母亲（父亲）也要坚强地跟孩子说：虽然我和你的父亲（母亲）离婚了，但是他（她）是我见到的最优秀的男性（女性）之一。

总之，在三岁前后，孩子可以无忧无虑地躺在母亲的怀里撒娇。但九岁前后，母亲要学会轻轻推开孩子，让他逐步学会独立并承担相应的责任。在孩子三岁前后，母亲给孩子提供温暖、柔软、轻松、宽厚、和解、宽容、包容力、感性，九岁前后，则需要父亲出场。父亲将给孩子带来力量、规则、秩序、挣扎、抵抗、意志力、理性，这一阶段父亲的作用大于母亲。

三、从柔的教育到刚柔相济的教育

九岁前后是孩子成长的过渡期，意味着孩子既不是幼儿，也不是成年人，而是处于从幼儿转向成年人的中间状态。这个中间状态几乎跨越整个小学阶段。

（一）刚性的教育及其后果

三岁前后（幼儿园阶段）的幼儿需要柔的教育。柔的教育主要显示为游戏教育，包括情感游戏、语感游戏和动感游戏。对三岁前后的孩子来说，游戏就是最好的教育。但九岁前后（小学阶段）的儿童处于从柔的教育转向刚的教育的过渡阶段，既需要柔性的游戏教育，也需要刚性的规则教育、理性教育。完整的理性教育需要等到十五岁前后才能正式启动。

九岁前后孩子的大脑发育也显示出过渡期的特征。他们已经能够解答一些比较抽象的问题。比如，一斤棉花和一斤铁，哪个更重？把一杯水倒入一个大瓶子里，把同样的一杯水倒入另一个小瓶子里，哪个瓶子里的水更多？

九岁前后的孩子之所以能够解答这些问题，是因为他们已经具备一定的抽象思维能力。但是，这个年龄段的孩子无论身体还是思维的力量，都比较有限。按照心理学家皮亚杰的理论，九岁前后孩子的抽象思维能力还处于比较低级的阶段，只有到了十五岁前后，他们才有可能发展出比较高级的抽象思维。

由于孩子的理性思维还不够成熟，就需要父母在引导他们完成必要的规则教育、理性教育的同时，开展艺术特长、体育特长等比较柔性、轻松的游戏教育活动。如果过于急迫地让九岁前后的孩子接受理性教育，那么孩子到了九岁前后就会出现一些痉挛症或者强迫症，如频繁眨眼、耸肩、做怪相、扭脖子、清嗓子、抽鼻子、干咳等。

美国育儿专家斯波克发现，尽管两岁以上的孩子都有可能出现痉挛，但它常常发生在九岁前后的儿童身上。孩子面临压力时，这种痉挛会表现得更加严重。一种形式的痉挛可能断断续续地持续几周或几个月，然后消失或者被另一种形式的痉挛代替。眨眼、抽鼻子、清嗓子和干咳通常都是由感冒引起的。但是感冒好了之后，这些症状可能会继续存在。耸肩的原因可能是孩子精神紧张，希望借此获得缓解。

孩子的痉挛症状不会因为父母的指责或勒令改正而缓解。斯波克发现："大约 10% 的孩子会出现轻度痉挛的现象，但几乎都能在不去理会的情况下自行消失。"[1]如果父母紧紧地盯住孩子的痉挛，反而会让孩子紧张，出现更加严重的痉挛。如果父母知道痉挛的原因是孩子在这个年龄感受到了来自学习或其他方面的压力，就应该尽可能让孩子放松，和他一起做游戏或出去运动。

孩子的紧张除了导致痉挛外，还可能引起某种强迫症："你很可能会想起自己童年时的表现，最常见的是要求自己迈过人行道上的每一条裂缝——虽然这种做法一点道理也没有，但你就是迷信地觉得应该这样做。类似的例子还有，每隔三根栏杆就摸一下。……如果你认为自己出了差错，就会严格地回到你认为完全正确的地方，重新开始。"[2]

---

[1] [美] 斯波克.斯波克育儿经 [M].武晶平，等，译.海口：南海出版公司，2007：146-147.
[2] 同上：145。

（二）柔的教育与闲暇教育

如果孩子出现痉挛或强迫症，家长首先想到的往往是带孩子看医生，希望通过打针吃药解决问题。医疗领域的确为儿童痉挛或强迫症提出了一些诊治措施。比如，如果儿童频繁眨眼，医生可能会将这种症状视为"异常瞬目"或"异常瞬目综合征"。医学的归因是：长时间看电视、电脑导致双目干涩（干眼症）。双目干涩导致瞬目，通过瞬目促进泪膜分布获得舒适感。与之相应的处方是：点"人工泪液"或"角膜保护剂"，减少看电视和电脑的时间。此外，医学解释还包括：可能偏食，需要调整饮食习惯，补充维生素，等等。

这些解释不能说完全没有道理，但仅仅考虑了生理因素而忽视了精神原因。事实上，痉挛和强迫症的主要原因在于：这个年龄段的孩子开始出现较强的自我意识。他想改变自己在同伴中的地位，甚至想拯救家庭，但是又感到自己微不足道、无能为力，生活在同伴和成人的压迫之中。

正因为已经有了比较清晰的自我意识，九岁前后的孩子会承受种种压力。压力是成长的资源，但是如果压力过大，孩子就可能出现各种痉挛症或强迫症。三岁前后的孩子可以无忧无虑地玩乐；十五岁前后的孩子还可能以"成人"自居并为此感到骄傲；九岁的孩子则夹在幼儿和"成人"的中间。从成长的欢乐的视角来看，这是人生中最后一个可以过儿童节的自由而美好的阶段。但从成长的压力视角来看，这是从幼儿到成人的过渡期。孩子想永远在三岁前后，不想长大，甚至想回到幼儿园的生活。但是他分明感觉已经回不去了，不得不压缩玩的时间，投入比较紧张的学习生活。他开始隐约感觉到自己身上的责任，又随时随地发现自己人微言轻，对很多事情没有控制感。

正因为这些痉挛症或强迫症来自孩子心理的紧张情绪，如果父母对孩子这些"令人讨厌"的行为采取强迫的措施，勒令其改正，孩子会因为更加紧张而出现更严重的痉挛症或强迫症。比如，有些没有经验的父亲发现孩子出现频繁眨眼的怪毛病之后，向孩子发出指令："过来！站好，看着我！"可怜的孩子原本因为紧张而频繁眨眼，此时会因为更加紧张而越发频繁地眨眼。即便当场不那么频繁地眨眼，过后也会变本加厉。

比较合适的做法是，当九岁前后的孩子出现频繁眨眼、咳嗽或发出嗝嗝的怪声、咬指甲等痉挛症或强迫症时，父母最好引导孩子适当放松，鼓励孩子参与艺术游戏或体育游戏，在游戏中缓解紧张情绪。具体而言，可考虑以下三种治疗方法：

一是游戏治疗，包括运动治疗（运动游戏治疗）和艺术治疗（审美游戏治疗）。可以鼓励孩子打球、跑步、旅游、爬山、在森林里散步，因为身体的运动可以甩掉某些令人不愉快的压力；也可以鼓励孩子听音乐、玩乐器、练习书法、绘画、玩泥塑。如果孩子愿意，也可以读自己喜欢的童话故事、小说，或者看电影。

二是作品治疗。运动游戏治疗或审美游戏治疗的重要表现形式之一是作品治疗。父母最好让孩子有足够的时间发展自己喜爱的运动特长或艺术特长。特长或爱好就是孩子成长的作品和身份证。一旦有了特长或爱好，孩子就会进入"有作品感的生活"。孩子在运动和艺术方面的作品感、成就感是他们成长的营养液。

三是自由呼吸治疗。如果游戏治疗和作品治疗仍然不能解决或缓解孩子的痉挛症或强迫症，就可以启动最后一个可靠的办法：无条件地接受孩子的一切，对孩子暂时出现的问题采取彻底无视的态度。这需要父母有足够强大的内心力量。只要父母有这个力量，孩子因神经紧张导致的痉挛症或强迫症就会自然消失。

（三）刚柔相济的教育为何是重要的

无论柔性教育多么重要，艺术特长和运动特长多么重要，九岁前后的孩子都需要承担必要的学习任务和劳动任务。这个年龄阶段是孩子艺术潜能和运动潜能开发的敏感期，也是学习母语、外语、数学、科学等各门学科知识的敏感期。父母不能因为知识学习过于烦琐而对孩子采取完全放养的态度，也不能因为艺术游戏和运动游戏"不务正业"而让孩子放弃，仅仅学习知识。

如果父母没有强大的心理准备，最好不要过于自由和浪漫。自由教育或浪漫教育也许适合精英家庭和精英教育，但对一般家庭并不适合。在知识学习和业余爱好之间，一般家庭最好适当强化知识学习，让孩子忙里偷闲地参加运动游戏和艺术游戏。九岁前后的孩子需要以知识学习作为主业，将运动游戏和审美游戏作为业余爱好。

但是，这并不意味着孩子的运动游戏和审美游戏不重要，最好让孩子有忙有闲，至少有玩或游戏的时间。从时间分配来看，孩子每天要有 10 个小时左右的睡眠和饮食时间，8 个小时的知识学习时间，其余时间最好让孩子参加感兴趣的运动游戏和艺术游戏项目。同时，通过艺术游戏和运动游戏促进同伴之间的交往，以此推进孩子的社会情感学习。

最好让九岁前后的孩子每天都有属于自己的、可以用来"玩"的时间和空间。这个时间和空间属于孩子，由他自由支配。其实，自由时间和自由空间并非只对儿童重要，它对所有人都重要。近代伟人曾国藩创造了惊天动地的伟业，秘诀就是他每天打坐一小时。打坐就是留一点时间给自己，与自己相处，自我反省，自我修正，自我加工，非如此，人格不能大。[1]

为孩子的成长留出必要的自由支配时间，不用专业学习覆盖孩子所有的时间，也不用太多的兴趣班挤满孩子的全部业余时间。农民种庄稼时，会给秧苗留有足够的空隙，这不仅能保持通风透气，而且可以享受充足的光照。没有空隙的秧苗，只能结出干瘪的谷穗。

勤劳是一种美德，但是要警惕装腔作势的勤劳、虚假的忙碌。如果仅仅以勤劳的名义，满足于忙碌，既没有方法，也没有方向，那么，越忙碌，越混乱。即便勤劳是一种美德，也要学会忙里偷闲地让自己享受业余爱好。

勤劳是一种美德，静修则是另一种美德。静修有两种方式：一是睡觉或静坐；二是让自己处于从容不迫的闲暇、娱乐状态。"腾不出时间娱乐的人，早晚会被迫腾出时间生病。"（沃纳梅克语）有虫的枣子早红，有病的孩子早

---

[1] 吴稼祥. 一杯沧海 [M]. 北京：朝华出版社，2005：95. 引用时略有改动。

熟。智力上的神童，常常以剥夺性格和身体成长为代价。

除了带着孩子亲近自然外，也要让孩子亲近同龄人，寻找自己的玩伴，成为善于交往、受欢迎的人，学会与他人交往。父母要愉快地接受孩子的小伙伴。斯波克在其育儿经中提醒父母，如果父母对邻居不满，对孩子的小伙伴十分挑剔，或者不让孩子和他们交朋友，让孩子觉得自己好像跟别的小朋友不一样，那么这些孩子长大后就很难与任何人自然地相处。这样的孩子即便成绩优异，在学校里也会成为不受欢迎的人。班里的孩子都知道他们中谁的人缘最好，谁最不讨人喜欢。人缘不好的孩子则会郁郁寡欢。这样的童年生活也会影响到他成年后的发展状况。

孩子的成长需要同伴，只有孩子才能理解孩子，只有同伴才能陪伴孩子成长。孩子从来不期望成人能够理解自己，也从来不把居高临下的成人当作朋友。如果孩子既没有兄弟姐妹，又没有伙伴，"独生"子女就会陷入双重的孤独：不仅独生，而且独长。

让孩子有自己的朋友，但不要太杂乱。孟子的母亲三次搬家，卢梭则把"爱弥儿"带到了乡村。在孩子没有成熟的理性和判断力之前，不必让孩子有过多的伙伴，要警惕孩子沾染同伴的坏习惯。

必须留意孩子的学习成绩，但也不必太在意他的名次，倒是需要警惕那些学习成绩总是第一名的孩子。有些孩子学习成绩好，性格也好，但是有些孩子学习成绩好，性格却很坏，自私，缺乏同情心，没有生活情趣。学校里有生活情趣的人，可能是那些中等生。

当孩子带小伙伴来家里玩的时候，父母要表现得友好而热情。还可以鼓励孩子邀请小朋友来家里吃饭，给他们做在他们看来"高级"的饭菜。当父母安排周末旅游、野餐、短途旅行、看电影和其他活动的时候，还可以邀请孩子喜欢的小朋友一起去——这个小朋友不一定是你认可的那个。孩子跟成年人一样，也有唯利是图的一面，他们更愿意看到款待他的人身上的优点。[1]

---

[1] [美] 斯波克.斯波克育儿经 [M].武晶平，等，译.海口：南海出版公司，2007：141.

不要以"人是理性的动物",或"非反思的生活是不值得过的生活"为借口,就让孩子处于无休止的思考与训练之中。除了思考,人必须过不思考的生活。思虑太多,就会失去做人的乐趣。西谚曰:"人类一思考,上帝就发笑。"另一种说法是:只学不玩,变成笨蛋。(All work no play, makes Jack a dull boy.)

除了让九岁前后的孩子拥有自由的"玩"的时间外,最好还让他有足够的活动,包括劳动和运动。父母可以牵着孩子的手一起散步、慢跑、购物、逛街、旅游、解决问题。审美和游戏是让孩子喜欢学习的关键秘密之一(另一个秘密是让孩子"在做中学""在劳动中创造")。

除了玩和活动,最好以美好的文学艺术培养九岁前后孩子的情趣生活。孩子之所以厌学,因为他总是被迫学习那些只有知识没有文艺的材料。中国教育能否整体进步,取决于中国人是否愿意重新发起一场新的文艺复兴运动,恢复传统的"六艺之教",以艺术拯救教育,让教育从属于艺术,而不是让艺术从属于教育。美育的功能不止于蔡元培建议的"以美育代宗教",而是"以美育代说教"。

不重视情趣、文艺的民族,是野蛮的民族。缺乏情趣、文艺含量的教育,是野蛮的教育。按照亚里士多德的说法,斯巴达人之所以衰败,是因为他们只有体育,没有美育。美育是使人优雅的教育。过审美的生活,就是过有情趣的生活、休闲的生活。

经典的文学艺术作品是儿童遥远的精神导师。童话是孩子建立健康人格的成长之桥。不要小看童话的价值,童话让孩子领会如何成为受人欢迎的人,在孩子内心深处建立好人的标准形象。

梁启超当年期待中国"新民"的诞生,却把"新民"的希望移交给文学革命尤其是诗界革命,由诗界革命推动思想革命,"文学之盛衰,与思想之强弱,常成比例",再由思想革命推动制度革命和整个国家的发展。所谓诗界革命或小说界革命,实际上不过是借助文艺的方式传递道德或教育道理。这是对文以载道古老传统温柔而敦厚的恢复。

文以载道对文来说可能是一个失败,但对道来说,却是更大的胜利。直接而露骨地公布教育道理，让艺术作品简单地承担道德与教育责任，简直是对文艺（或诗）的干扰和破坏。

出色的文艺作品，恰恰在于它隐含了人生、道德及教育的大道理。文与道之间可能充满矛盾，但这个矛盾可以化解为无形。真正卓越的艺术作品总是以艺术的方式化解这个问题。用杜威的话说："艺术比道德更具有道德性。"[1] 直白地讨论道理的艺术作品是低劣的、粗糙的，但不讲道理的艺术作品只是没有灵魂的矫情。

教育是复杂的事业。康德甚至将教育和管理视为两项最艰难的事业。遗憾的是，不少父母没有为这项艰难的事业做好准备。不过，当在孩子的教育问题上出现困扰时，只要父母愿意学习和探索解决问题的办法，这对孩子来说就是一个福音。

---

[1] [美] 杜威. 艺术即经验 [M]. 高建平，译. 北京：商务印书馆，2005：386.

第六章　尊重和理解孩子的性格

　　每个孩子都有自己的性格，有自己的缺点和优点。对于父母来说，与其挑剔孩子的短板，不如发挥孩子的长处。何况任何缺点的背后，可能隐含了其他孩子无法比拟的一个优点。内向的孩子虽然不如外向的孩子乐观，但更有同情心和同理心。反过来说，外向的孩子虽然会口无遮拦，但会过得比较轻松，不会轻易感觉到孤独。

一、你的孩子和别的孩子有哪些差异

　　每个儿童都有成长的秘密，这些秘密构成儿童之间的差异：一是性格上的差异；二是智力上的差异；三是性别上的差异，即男孩和女孩的差异。

（一）人和人之间的性格差异

　　20 世纪 50 年代末期，两位美国心脏病专家弗里德曼（M. Friedman）和罗斯曼（R. Roseman）首次提出"A 型性格"，并发现"A 型性格"与"冠心病"之间的关系。[1]

　　A 型性格的人具有如下特征：（1）一种要达到个人目的的强烈而持久的内驱力，热衷于竞争；（2）心理和生理上的过分敏感，渴望得到别人的承认

---

[1] [美] 罗杰·霍克. 改变心理学的 40 项研究 [M]. 白学军，等，译. 北京：中国轻工业出版社，2004：282–289.

并为此不断超越自己，卷入有最后期限的任务之中，并习惯于风风火火地完成各种活动；（3）控制欲望强烈，在任何地方都希望做领袖。

B型性格与A型性格完全相反。它的典型特征为：（1）从容完成任务而不是主动寻找新的挑战；（2）随遇而安，内心平和，即使参与竞争，也心安理得地接受失败；（3）愿意服从他人的领导，有秩序感和纪律感。

A组被试长期为承诺、抱负和内驱力牵制，显然更渴望在所有活动中力争上游，不管是专业活动还是娱乐活动，都有强烈的获胜欲望。B组被试则缺乏时间紧迫感，似乎满足于生活现状，不愿意追求多个目标并避免竞争性的情境，很少担心自身的提升问题，将更多的时间用于与家人团聚及参加非竞争性的娱乐活动。

结果发现，两组被试在临床冠心病的发病率上存在极其显著的差异。A组中28%的被试出现明显的冠心病发病迹象，B组中只有4%的被试有明显的迹象。

有关人的性格的研究一直在继续，一致的结论是：人与人之间的性格是有差异的。为了便于研究和理解，可以将人的性格分为A型和B型两种。不过，很少有人属于纯粹的A型性格或B型性格，大多数人的性格在A和B之间，属于AB型性格。AB型性格兼有A型性格和B型性格的特征，是二者的综合。

有一种比较特殊的AB型性格，它是A型性格和B型性格比较完美且稳定的结合，可以称为O型性格。但是所谓O型性格，实际上也是AB型性格，它是特殊的AB型性格，一般称为BA型性格。[1]

人的性格也许会受后天环境影响得以改变。教育者往往比较看重后天的影响、环境的影响尤其是教育的影响，愿意相信"性相近，习相远"，相信教育能够改变人的智力甚至性格。教师的乐观是可以理解的。要是人的智力

---

[1] 人们或许会将A型性格、B型性格、AB型性格及O型性格想象为人的血型。的确有人相信血型会影响人的性格。参见：[德] 艾克曼．血型的秘密 [M]．陈婕，译．哈尔滨：哈尔滨出版社，2008．人的血型对人的性格究竟有没有影响，我们暂时存而不论。这里绕开血型与性格的关系，只讨论性格的分类。

或性格不可改变，教育及教师职业就会失去存在的理由。

但是，改变人的天性（先天的性格）并不容易。江山易改，本性难移。心理学界虽然承认后天环境对人的影响，但相较教育学，它更重视人的先天因素。为了探测先天因素对人的影响，心理学界比较关注对双胞胎的研究。

卡拉特（J. Kalat）主编的《心理学导论》中讨论过这样一对双胞胎出现的现象：1939年，一个贫穷的移民妇女生下一对双胞胎，生下后不久即被不同的家庭收养。他们的养父母分别给他们取名吉姆·路易斯（Jim Lewis）和吉姆·施普琳格（Jim Springer）。

九岁时，他们终于见面。当他们见面时，路易斯说看到对方就像"看到镜子中的我"。他们两人的相似性也令人惊叹：都结过两次婚，第一任妻子都叫琳达（Linda），第二任妻子都叫贝蒂（Betty）。他们儿子的名字也很接近，一个叫詹姆斯·爱伦（James Alan），另一个叫詹姆斯·艾伦（James Allan）。他们小时候都养过一条小狗，并为狗取名托伊（Toy）。他们住的房子的颜色和样式很像，屋后花园里都有一棵树，并且围绕树做了椅子。[1]

这份报告隐含的信息是：双胞胎的先天因素是相同或接近的，并没有因后天环境而改变。人的天性（先天因素）很难通过环境或教育的影响发生改变。反过来说，后天的环境或教育并不能改变人的天性（先天因素）。

有关双胞胎的心理学研究还在继续，但其目的不在于完全否定后天的环境或教育对人的影响。后天的环境或教育能够影响人的成长，这已经是一个常识，没有人怀疑。但是，有关双胞胎的心理学研究仍然吸引着人们的注意，原因在于：它提示教育者在教育孩子时考虑孩子的天性（先天因素），尤其要尊重孩子的个性和兴趣。

男性和女性究竟有多大的差异，这是个有争议的话题。美国人类学家米德曾对三个原始部落的性别与气质进行研究，发现男人的性别差异是文化选择的结果，并不是由生物因素决定的。[2]

---

[1] Kalat, J. W. *Introduction to Psychology*（2nd）[M]. Wadsworth Publishing Company, 1990:61.
[2] 详见：[美]米德. 三个原始部落的性别与气质[M]. 宋践，等，译. 杭州：浙江人民出版社，1988：266.

不过，从自然状态来看，雄性动物和雌性动物无论在体力还是思维上都是有差异的。2000年，美国学者威廉姆斯（T. Williams）等人在《自然》杂志上发表文章称：人的手指形状及手指比例隐含了不可思议的信息。[1]这个话题和结论迅速引起了相关的争议，不少中国学者也做过有关主题的调查研究。[2]

英国学者曼宁（J. Manning）在研究男人和女人的差异时发现，男人的无名指往往比食指长，即男人的无名指与食指的比例往往较大，而女人的无名指与食指的长度往往接近，食指的长度甚至超过无名指。该研究的假设是：无名指表征了人的雄性激素。

曼宁教授做过调查：他假定无名指与食指比例较大的人跑步速度也较快，无名指与食指比例较小的人跑步速度也较慢。

他选择了6名跑步运动员，但事先并不知道他们的跑步速度。他对这6名运动员的手指长度进行测量，然后按顺序进行编号，并用纸片盖住6名运动员的编号，让他们把编号挂在胸前，告诉他们：跑步比赛结束之后才能看到自己的编号。

接下来，6名运动员开始比赛。比赛结束后，曼宁教授让他们按照比赛名次依次排列，揭开自己的编号。

令人吃惊的是：运动员跑步比赛的名次正好是曼宁教授事先按照手指长度测量结果编排的顺序，只有第3名和第4名的顺序相互交叉。曼宁教授的解释是：第3名和第4名运动员无名指与食指的比例原本就很接近。

另一项研究则显示：无名指与食指的比例越大，越显示出男性特征，如善于操控汽车。研究者测量了5名男人和5名女人之后，让无名指与食指比例较大的人站到一边，比例较小的人站到另一边。结果，无名指与食指比例

---

[1] 详见：Williams T. Pepitone M. Christensen S. et al. Finger–length ratio and sexual orientation–measuring people finger patterns may reveal some surprising information[J]. *Nature*, 2000（3）：455–456.

[2] 详见：陆宏，霍正浩. 人类指长比的研究进展 [J]. 生命科学，2006（5）：487–489. 袁建琴，阮昌雄，李芳辉，石峰，王艳芳，刘承宜. 孙小华. 食指与无名指指长比率（2D:4D）与运动能力研究评述 [J]. 体育学刊，2009（4）.

较大的一边男人居多，只有一个女人是例外。不过，站在男性这边的女人不仅貌似男人，而且和男人一样有较好的操控感。无名指与食指比例较小的一边则大都是女人，只有一个男人是例外。这位男人的做事风格又恰恰比较接近女性的细致和耐心。[1]

有研究者报告了他们对儿童无名指和食指比例与其认知能力关系的研究结论。记录了 74 名六至七岁的男童和女童的手指长度之后，他们把这些实验参与者无名指与食指的比例与语文、数学成绩作了比较，发现无名指比食指长的儿童，理科要比文科好；那些无名指比食指短的孩子的文科要好于理科。那些比值最低的男孩，同时也是数学与读写能力相差最悬殊的儿童。[2]

这些研究表面上是在测量无名指与食指的比例，实际上是在研究人的雄性激素对性格及行为的影响。如果无名指与食指的比例较大，则提示此人在胎儿时期从母体那里获得较多的雄性激素。男人和女人的性格及行为的差异，主要受雄性激素的影响。

类似的研究结果表明，我们可以相信环境和教育对人的影响，也可以相信人具有可塑性，教育者可以对教育持乐观的态度，但不要乐观到不考虑遗传的影响。

先天遗传是重要的。孩子出生之后，他的先天遗传已经确定。姚明长得高，是因为他的爸爸妈妈高，主要不是姚明努力生长的结果。不要以为丑小鸭变成白天鹅是丑小鸭努力学习的结果，真实的原因是：丑小鸭的妈妈生了一个天鹅蛋而不是鸭蛋。也不要恨铁不成钢，铁有铁的用处，钢有钢的用处。

（二）多元智能中的优势智能

在先天因素和后天因素之间，究竟哪个因素对人的影响更大，现在仍然没有定论。一般而言，心理学更愿意相信人的遗传因素决定人的发展。从教

---

[1] 详见：BBC 纪录片《两性的奥秘》。
[2] 详见：朱佳燕.学生食指与无名指的比率（2D:4D）与文理科思维的相关性研究 [D].上海：华东师范大学课程与教学系，2015：7.

育学的视角来看，即便人的发展 90% 受遗传因素的影响，剩下的 10% 也可以大有作为。更重要的是，即便人的遗传决定了其差异，至少可以根据这些差异因材施教。

正因如此，中国教育界比较愿意接受美国学者加德纳（H. Gardner）提出的多元智能理论。按照加德纳的解释，人的聪明或智能有七种：语言智能、数学逻辑智能、空间智能、音乐智能、身体运动智能、人际关系智能、自我认识智能（后来，又增加了自然观察智能）。

这七种智能存在于每个人的身上，但不同的人有不同的优势智能。有的人长于语言智能，有的人长于数学逻辑智能，有的人的语言智能和数学逻辑智能都不发达却长于身体运动智能或人际关系智能。

按照多元智能的思路，每个人都是聪明的，各不相同，而且生来就不同。

如果承认这个结论，家庭教育和学校教育必须出现两个"颠倒"。

第一，不是学生适应家长或老师的教育方法，而是家长或老师主动适应学生的特点；不是学生围绕家长或老师转，而是家长或老师围绕学生转。"每个学生都有自己的优势智力……每个学生都是多种不同智力不同程度的组合，问题不再是一个学生有多聪明，而是一个学生在哪些方面聪明和怎样聪明。"[1]

第二，不是特长发展围绕全面发展转，而是全面发展围绕特长发展转。当代没有人能够学会需要学会的一切东西。[2] 既然没有人能够学会所有的东西，就没有必要强迫孩子学习所有的知识，而应该顺应孩子的优势智能，让孩子尽可能发挥自己的长处去学习自己感兴趣的内容。

现在看来，中国的高考制度已经意识到这个问题，但解决这个问题并不

---

[1] 霍力岩，等 . 多元智力理论与多元智力课程研究 [M]. 北京：教育科学出版社，2003：28.
[2] 加德纳的说法是，"当代没有人能够学会需要学会的一切东西。我们也许都希望像文艺复兴时代的男人和女人一样通晓一切，或者至少确信具有通晓一切的潜能。但显而易见，这样的想法是不现实的，因此选择是不可避免的。"参见 [美] 加德纳 . 多元智能 [M]. 沈致隆，译 . 北京：新华出版社，1999：11.

容易。高考及招生制度虽然通过文理分科的方式为语言智能和数学逻辑智能提供相应的选择，但是选择文科的学生依然要学习大量的理科知识，选择理科的学生依然要学习大量的文科知识。高考制度的考核依据是全面发展，这是对的，但遗憾的是，全面发展容易被误解为"均衡发展"甚至是"平均发展"。高考制度所警惕的"畸形发展"也是对的，但容易让人神经过敏，把原本美好的"特长发展""优势发展"一律视为"畸形发展"。

解决这个问题的办法有两个：一是放弃"百科全书式人才"的幻想，采用文理分科的办法，进一步减少理科考生的文科含量，比如降低理科生的语文考试要求。进一步减少文科学生的理科含量，比如降低文科生的数学考试要求。文科考生如果愿意学习理科，理科考生如果愿意学文科，随个人兴趣，不必以高考制度的方式强迫学生。二是保持现有的高考制度和招生制度，同时收集、关注并积极录取各种特长生。

按照多元智能的思路，高考制度应该让不同智能的学生进入不同的专业，而不仅仅以语言智能和数学逻辑智能来确定大学入学资格。

对于家长和教师来说，在高考制度和招生制度没有变革之前，可以采取妥协的办法，走中间道路：充分发挥孩子的智力特长或智力优势，让孩子以自己的特长和优势带动全面发展。特长发展原本是全面发展的组成部分。只有那些有特长、有优势项目的人，才有可能凭借特长、优势成就自己的全面发展。绝大多数人才应该是特长生，而不是所谓的全才。

如果不承认孩子的智力差异，父母就会以"别人的孩子如何"驱使自己的孩子陷入尴尬被动的比较境地。如果学校教育不承认孩子的智力差异，学校就会办成"动物学校"。

动物们决定创办一所学校，以满足日益变化的世界的需要。学校里开设的活动课程包括跑步、爬行、游泳、飞行。为了便于管理，动物们要学习所有的科目。第一批学员有鸭子、兔子、松鼠、鹰及老虎。鸭子在"游泳"这门课上表现相当突出，甚至比他的老师还优秀。但在"飞行"这门课，他的成绩只是勉强及格，而对"跑步"这门课感到非常吃力。

因为跑得太慢，所以他放学后不得不放弃游泳，留下来练习跑步。他不停地补课练习，脚掌都磨破了，期末考试时终于获得勉强及格的成绩。他的游泳科目，由于长期得不到练习，期末时只获得了中等成绩。

学校对中等成绩是能够接受的，所以除了鸭子本人以外，没有人在乎这件事。兔子刚开学时的跑步成绩在班上名列前茅，但由于在游泳科目中要做太多的作业，他不得不整天泡在水里，泡得他几乎神经衰弱。

小松鼠本来在爬行课程上表现优异，但对飞行科目感到非常沮丧。因为他的老师只允许他从地面上起飞，而不允许从树顶上起飞。由于他非常喜欢跳跃，并花了很多时间致力于发明一种跳跃的游戏，结果期末考试时爬行科目只得了 C，跑步只得了 D。

鹰由于活泼爱动，被视为"问题儿童"，受到老师们的严格管制。在爬行课的一次测验中，他战胜了所有的同学，第一个到达树的顶端。但他用的是自己的方式而不是老师教的那种方式，因此并没有得到老师的表扬。

学期末公布成绩，普普通通的老虎同学，由于游泳还马马虎虎，跑、跳、爬成绩一般，也能飞一点，他的总分是班级里最高的。毕业典礼那天，他作为全体学员的唯一代表在大会上发了言。

生活在草原上的许多鼠类动物拒绝在这所学校里读书，也反对纳税，因为这所学校的管理者拒绝增加"挖掘"这门课程。为了子女的将来着想，他们没有让孩子在这所学校里就读，而是先把他们送到獾那里做学徒，之后又联合其他鼠类创办了一所私立学校，据说这所学校办得相当成功。[1]

（三）尊重孩子的天性，赏识孩子

每个孩子都有性格优势，也有性格弱点。父母不要急于改变孩子的性格弱点，与其急于改变，不如先坦然接受。

一粒苹果种子自然会长成一棵苹果树，而不会长出梨树。父母的责任是提供肥沃的土壤，让种子发芽生长。大自然之母始终在为孩子的成长和发展

---

[1] 详见：张健鹏、胡足青. 故事时代 [M]. 北京：当代世界出版社，2013. 收入时略作了改动。

担负着责任。明白了这一点，我们就可以少一点担心，不用整天想着如何改变他们。更多的信任对父母和孩子都有帮助。[1]

如果父母坦然地接受孩子的性格弱点，孩子的性格弱点会逐渐转化为高贵气质。[2]那个寡言少语谦让得有点儿自卑的孩子，原来不是性格存在缺陷，因为它隐含了高贵的种子。若能够让孩子保持善良、高贵的气质，保持浑然大度的忍与让，这是母亲能够给予孩子最金贵的东西。

在四处充满竞争的生存环境中，每个人都需要维护自己的利益，争取自己的权利。可是那些善良而有高贵气质的人，才是真正的胜利者。

如果孩子比较厚道，做父母的不要嘲笑他。相反，如果孩子喜欢占小便宜，父母最好让他明白，这样的人往往会吃大亏，因为会被别人厌恶。愿意吃小亏的人，将来会更成功，因为他被人喜欢。让孩子怀有厚道、乐观、宽容和同情之心与各种人打交道，尤其要学会与小人打交道。"不能与小人打交道的人，便不能成就大业，因为小人是任何事业的必要组成部分。"[3]

如果你的孩子总是宽容他人，请不要嘲笑他软弱。真正的强者是那些有宽容胸怀的人，睚眦必报的人通常是自卑的人。西方人说："犯错的是人，宽容的是神。"（To err is human, to forgive, divine.）《资治通鉴》中说："千钧之弩不为鼷鼠发机，万石之钟不以莛撞起音。"中国民间的经验是：如果被狗咬了一口，你千万别去咬狗一口。

你可以帮助孩子适当改正缺点，弥补某些缺憾，但是在长善救失或扬长补短的过程中，长善比救失更重要，扬长比补短更重要。不要让孩子放弃长项而长时间地、郁郁寡欢地补足短板。其实，特长发展比全面发展更重要，要让孩子充分发挥他的特长和优势，以自己的特长发展带动全面发展。

还可以用"书山有路勤为径"鼓励孩子，但不要用"学海无涯苦作舟"恐吓孩子。勤奋是必要的，但不必过于刻苦。在自己感兴趣的地方努力，那是勤奋；在不感兴趣的地方努力，那是刻苦。

[1] [美] 格雷 . 孩子来自天堂 [M]. 张雪兰，译 . 北京：京华出版社，2006：1-3.

[2] 详见：池莉 . 来吧孩子 [M]. 北京：作家出版社，2008.

[3] 吴稼祥 . 一杯沧海 [M]. 北京：朝华出版社，2005：144.

一位经济学家给孩子的建议是："千万不要在你没兴趣的领域追求成功，因为你得跟那些真有兴趣的人竞争。没有兴趣，你怎么争得过人家？"[1]这是做父母的人留给子女最好的建议之一。

二、如何对待孩子的性别差异

男孩和女孩有天然的差异，这些差异需要得到不同的对待。但是有些差异被人为地夸大，没有必要因为男女的性别差异而提供完全不同的教育。无论男孩还是女孩，都需要有基本的共同教育。

（一）男孩和女孩的差异

男孩身上的雄性激素使其天生就喜欢破坏、冒险，具有攻击性，他必须处于活动之中。男孩和男孩在一起，很难容忍没有主题的聊天。男孩聚会是为了活动，让他们在活动中找到男人的感觉。他必须有活动、必须折腾、必须闹出一点动静来，让自己处于操作之中。

男孩需要活动，这是男孩身上的雄性激素在起作用，让男孩总是无法安静下来。男孩总是不太适应强调秩序和纪律的学校制度，这导致男孩的学业成绩普遍低于女孩。

有些父母不明白：别人家的女孩怎么那么安静、那么好养，我家的孩子怎么那么捣乱？他为什么一定要把抽屉全部拉开？为什么一定要把柜子推倒？为什么必须把玩具拆得七零八落？其实，原因很简单，这是雄性激素在起作用。很少有男孩的父母炫耀说："你的孩子太坏了、太捣乱了，看我们家的宝宝多安静！"

女孩与男孩的性别差异导致他们有不同的行为模式。女孩可以整天逛街，愿意在百货商店里来回穿梭。这是男孩所不能忍受的。女孩和女孩聚会是为了聊天，她们往往会围成一个圆圈，而男孩只接受肩并肩的交谈或面对

---

[1] 薛兆丰.教育是选拔人还是培养人 [N].南方都市报，2004-03-10（3）.

面的对抗。

男孩的雄性激素和女孩的雌性激素也会影响他们房间的颜色和主题。男孩可能更喜欢浅蓝色的基调。他的床被做成赛车的模型，墙上挂着篮球筐，还贴着一张姚明的宣传海报。照片是他参加中学生运动会 4×100 米接力赛时拍摄的，照片中的他朝气蓬勃。女孩可能更希望自己的房间像小公主的卧室，浅粉色的窗帘，乳白色的小床，床上堆着各种毛绒玩具。[1]

（二）男孩穷养，女孩富养吗

不见得一定要采用所谓"男孩穷养，女孩富养"的办法，出色的父母只是"顺木之天，以致其性"，以不同的方式养育男孩和女孩。

父母宜尊重男孩和女孩性格上的差异，理解男孩的"好动"甚至"好斗"，欣赏女孩的"优雅""灵巧"和"善良"。如果女孩有什么心事，她可能会愿意跟父母谈。在轻松、随意的交谈过程中，女孩就把秘密说了出来。

男孩则不同，如果有什么心事，他可能不愿意说出来。父母最好不要勉强男孩说出他的心事，可以邀请他参与某项有挑战性的工作，或到户外跑步。在做事或运动的过程中，男孩就会把心事说出来。如果男孩有足够的活力，可以鼓励他参与某项有竞技性和挑战性的运动。柏拉图说："男孩子是所有野兽中最难驯服的。"[2] 这是对的，男孩必须有男孩的样子。

海明威在《老人与海》里说：人可以被消灭，不可以被打败。[3] 孟子的理想更加刚烈："富贵不能淫，贫贱不能移，威武不能屈，此之谓大丈夫。"对于男孩来说，这些标准都是值得追求的。

优秀的父母会把男孩培养成精力充沛、自强不息的绅士，把女孩培养成优雅灵巧、厚德载物的淑女。女孩的优雅灵巧、厚德载物虽不如男孩的精力充沛、自强不息显得更有力量，但前者却可以柔克刚，显示出人的"高贵"

---

[1] 安君杨.男孩穷着养，女孩富着养 [M].北京：中国言实出版社，2006：16.引用时略有调整。
[2] 林志猛.柏拉图《法义》研究、翻译和笺注（第二卷）《法义》译文 [M].上海：华东师范大学出版社，2019：149.
[3] [美]海明威.老人与海 [M].吴劳，译.上海：上海译文出版社，2004：122.引用时对译文有调整。

和"神性"。

除了尊重男孩和女孩性格上的差异，父母最好理解并尊重男孩和女孩智力上的差异。男孩往往动手能力、空间能力、方位感比较强，女孩更擅长语言和交际。女孩在两岁前后就"能说会道""唧唧喳喳"，男孩在三岁前后仍然"含含糊糊""吞吞吐吐"。

就学习领域而言，男孩往往有较高的数理智能，富有逻辑思维；女孩更擅长于语言智能和形象思维。女孩比男孩更喜欢照相，可能与之相关。

从中国的高考制度来看，因为高考的语文、外语、数学三大主科中，有两大学科（语文、外语）与语言智能相关，而女孩因擅长语言智能比男孩更容易获得进入大学的资格。可以预料，如果高考政策不变，未来将有更多的女孩进入大学，而那些擅长逻辑思维、操作技能的男生则更容易可怜巴巴地被高考淘汰。

做父母的无法撼动整个高考制度，无法改变整个学校制度，但可以观察孩子的性格特点和智力优势，让孩子因特长而建立自信。

父母可以让女儿适当参与男孩的游戏，让其具有某种男孩的活力、勇气，因为善良与活力是所有人必备的基本要素。但是，总体而言，在具有一定的活力与勇气之后，女孩在另外的地方也会显示出她的优势，如文静、温柔、宽容、善良、敏感、富有爱心和同情心等。男人出现在哪里，哪里就有争执和争斗；女人出现在哪里，她就成为那里的"维和部队"。

同样，父母也可以让儿子适当参与女孩的活动，让其具有某种柔情、同情心和宽厚。男孩在具有一定的善良和爱心之后，将在另外的地方显示出他的性别优势，比如精力充盈、意志发达、喜气洋洋、激情澎湃、势不可当、豪侠仗义、浑身是胆、不知疲倦、不愿意停止与妥协的生命狂欢状态。

男人可以在某个时候显示女性的温顺，女人也可以在某个时候显示男人的豪情。现代人也许会在某个时候追求"双性化"的审美标准和人才标准，但是无论审美标准和人才标准如何进化和转换，宇宙早就为整个动物界和人类做好既对立又和谐的安排：天行健，君子以自强不息；地势坤，君子以厚德载物。

（三）培养"双性气质"的孩子

心理学界有人提出"双性化"概念，即某个人既具有男性化特质，又具有女性化特质。与"双性化"相关的概念是男性化、女性化和"未分化者"（如果某个人既没有突出的男性化特质，也没有突出的女性化特质，就是"未分化者"）。研究成果大多显示，在现代社会，双性化人群的比例越来越高。

第一，在社会适应性、工作成就、学业成就、生活满意度、主观幸福感等方面，双性化角色类型优于其他性别角色类型。具有双性化特质的个体在许多场合下比只有典型男性化或女性化特质的人或未分化者表现更为出色。由于双性化的人既具有男性特质又具有女性特质，他们在各种情况下能应付自如。比如，在要求作出男性化反应的情境中，双性化者能运用自身相应的男性特质而表现出色；在适合女性特质的情境下，他们又能善解人意，表现出相应的女性特质。因此，双性化者的适应性比传统性别角色的个体更强，更容易在社会中获得成功，且较少有心理疾病。[1]

在学业优秀的小学生和中学生中，双性化特质的个体比例最高，学业不良者中，未分化特质的个体占了绝大多数。[2] 双性化特质的学生不仅成绩优秀，而且兴趣广泛、全面发展，在班级、院系和学校中担当学生干部。[3]

第二，双性化并非坏事。现代社会的工作越来越趋向标准化、程序化和网络化，不再像传统社会那样要求有明确性别的分工。于是，男生和女生逐渐摆脱传统的性别角色观念，男生不再避讳直言自己的温柔和感性，女生不再局限于贤妻良母型的传统形象，双性化特征的个体越来越多。家长倒是需要关注孩子的未分化倾向。

---

[1] Bem S L. The Measurement of Psychological Androgyny [J]. *Journal of Consulting and Clinical Psychology*, 1974（2）；另参见：Bem S L. Sex Role Adaptability: One Consequence of Psychological Androgyny [J]. *Journal of Personality and Social Psycholgoy*,1975（4）.

[2] 沈烈敏. 性别角色特质与学生学习成绩的相关研究 [J]. 心理科学，2008（5）.

[3] 李少梅. 大学生双性化性别特质与人格特征的相关研究 [J]. 陕西师范大学学报（哲社版），1998（4）.

第三，小学生的未分化群体比例最多，但女生的性别角色在小学已比较稳定，以双性化为主；男生的性别角色到了初中或高中才比较稳定，小学以典型男性化和未分化为主，中学以后以双性化为主。

为了让孩子有足够的竞争力，父母可以有意识地培养孩子的双性化处事风格。但是，双性化处事风格并不意味着抹平男孩和女孩的性别差异。与双性化相应的教育仍然需要承认男人和女孩的不同，以不同的方式教育男孩和女孩。"双性化"气质不是让男孩没有男子汉气概，不是让女孩没有淑女风范，而是让男孩在男子汉气概的基础上学会理解和服从，让女孩在淑女风范的基础上学会决断、刚毅。[1]

三、如何解决孩子九岁前后的问题行为

九岁前后的孩子往往容易出现三个令父母感到困扰的问题：一是兄弟姐妹之间的冲突；二是孩子有偷窃行为；三是做事磨蹭、拖拉。解决这些问题需要时间，但父母首先要理解孩子为什么会出现这样的问题行为。

（一）如何对待孩子之间的冲突

随着"三孩"政策的推行，中国将有更多家庭由原来的独生子女转向多个子女。兄弟姐妹之间可能会友好相处，也可能发生冲突，比较典型的冲突是孩子之间发生争吵、争抢或打架事件。

父母可以想办法停息孩子之间的争吵或打架，但不必过度干涉。在家庭生活中，打架是孩子成长的一部分，倒是那些从来不打架的孩子，一旦打架就可能没有轻重，重击他人的头部或其他致命的部位。从小有打架经历的孩子，会知道打架的分寸和基本规则。

培养竞争与合作意识最适宜的地方是家庭。英国哲人培根说："在家庭中，最大或最小的孩子都可能得到优待，唯有居中的子女容易被忘却。但他

---

[1] 冯嘉慧博士提供了有关中小学生性别角色分化的资料，谨此致谢。

们却往往是最有出息的。"[1]中国民间的说法是："憨老大，金老二，刁老三。"

老大之所以憨厚，是因为他不仅养尊处优，而且从父母那里接受了照顾弟弟妹妹的责任；老二之所以金贵，是因为他承担的事务最多，总是冲锋陷阵；老三之所以刁蛮，是因为他容易被父母溺爱、纵容。三者之中，老大合作精神有余，竞争力不足；老三竞争力有余，合作精神不足；比较能干的是老二。他的生存环境使他不得不既像老大那样与他人保持合作的关系，又不得不用实力与他人竞争生存资源。心理学家阿德勒（A. Adler）对子女出生顺序与人格、能力的关系有过专门的研究。他的研究结论与"憨老大，金老二，刁老三"的中国民间说法大同小异。[2]

这样看来，在哥哥打弟弟的事件中，父母要理解弟弟的委屈，但更要理解哥哥的苦衷。哥哥之所以打弟弟或抢夺弟弟的玩具，主要源于哥哥对弟弟的"怨恨"。弟弟出生之后，从哥哥那里分享甚至夺走了父母的爱和关注。哥哥原本是家里的中心，是家里的"无冕之王"。弟弟的出生使哥哥的"王位"被罢黜，哥哥一直对此耿耿于怀。哥哥发誓要"报复"弟弟、夺回父母，重新赢得父母的爱和关注。

唯一的问题是，哥哥虽然比弟弟年长，但他仍然少不更事，"很傻很天真"。他本应发挥自己在智力、体力和善解人意等方面的优势为父母分忧，以此赢得父母的爱与关注。但他不懂这个秘密，只能靠简单的武力来惩罚弟弟，发泄心中的妒恨。

正因为哥哥有这样的苦衷，所以在他打弟弟时，父母不能袒护弟弟，更不能责骂或打骂他。父母袒护弟弟、责骂哥哥，不仅不能解决问题，反而会使问题变得更糟。

比如，哥哥遭到父母的责骂或打骂之后，会对弟弟更加怀恨在心，一旦父母不在现场，会变本加厉地打弟弟。这既是对弟弟的报复，也是对父母的报复。久而久之，孩子会养成多疑、善妒、睚眦必报的坏脾气。

---

[1] [英] 培根 . 培根论说文集 [M]. 高健，译 . 太原：北岳文艺出版社，2016：32.
[2] [美] 阿德勒 . 自卑与超越 [M]. 吴杰，郭本禹，译 . 北京：中国人民大学出版社，2013：93–99.

比如，哥哥遭到父母的责骂或打骂之后，会在心里得出一个结论：在这个家里，谁能发脾气，谁能显示出愤怒，谁能够大声发出吼叫，谁就是权威。于是，哥哥也学会了发脾气、狂怒、怒吼。

比如，哥哥遭到父母的责骂或打骂之后，反倒会在潜意识里有某种满足感：虽然没有赢得父母的爱，但至少赢得了父母的关注，这也不错。有的孩子甚至会顺着这个方向，用制造麻烦的方式赢得父母的关注，如故意哼哼唧唧、踢桌子、显得弱智而不能生活自理、尿裤子、生病、偷窃等。孩子是察言观色的专家，常常会用错误的方式去解释他所观察到的事情，也常常会因为错误的解释模式而做一些傻事。[1]

这样看来，哥哥打弟弟，实在是事出有因，父母应该理解哥哥的苦衷。在理解的前提下，父母要让哥哥和弟弟分别享受各自的权利，承担各自的责任。

让哥哥和弟弟理解权利与责任不是一件容易的事，父母需要想一些比较有效的办法。

第一，父母可以提醒弟弟：哥哥是家庭的老大，弟弟应该尊重哥哥在家里的地位。弟弟要服从哥哥的合理安排，要满足哥哥的合理要求。如果哥哥要分享弟弟的玩具，弟弟可以让哥哥玩一会儿。弟弟服从哥哥之后，也会获得一些权利，如遇到困难时，可以请求哥哥的帮助和保护。

第二，父母可以提醒哥哥：作为家里的老大，既有让弟弟服从的权利，也有帮助和保护弟弟的责任。哥哥可以分享弟弟的玩具，但是玩一会儿之后要还给弟弟，让弟弟开心。

第三，父母可以提醒弟弟：哥哥之所以地位高，弟弟之所以要服从哥哥，是因为哥哥有更多的经验，有更大的力气，能够帮父母分担家务，对家庭有更大的贡献。同时，父母可以提醒哥哥：哥哥的优势不在于争抢玩具或打弟弟，而在于比弟弟更能干。如果弟弟不服气，哥哥可以跟弟弟较量做事

---

[1] [美] 德雷克斯，索尔兹. 孩子：挑战 [M]. 甄颖，译. 北京：生活书店出版有限公司，2015：25-30.

的本领。

接下来，父母最好为哥哥和弟弟分派各自力所能及的任务，以便转移打架或争抢玩具的注意力。父母要不断为哥哥和弟弟创造做事的机会，让他们有事情可做，都在家里"建功立业"。父母的责任是验收和评估哥哥、弟弟做事的质量。

采用这些办法，父母就可以让哥哥和弟弟各自忙于"工作"而不再为争抢玩具而打架。人容易共苦，却不易同甘。为了避免孩子之间争吵、打架，最好让孩子多"共苦"、少"同甘"。游戏也是重要的，但对孩子来说，他们也能从做事中找到欢乐。如果父母善于引导，孩子会把做事或工作当作游戏。如果哥哥和弟弟忙于解决问题，就可能因为一个人无法解决问题而相互合作、患难与共。

也可能出现相反的情形：比如弟弟（或妹妹）打哥哥（或姐姐）。弟弟打哥哥与哥哥打弟弟有相同的原因，比如，同样都是因为嫉妒。弟弟感觉哥哥分享了父母的爱，怀恨在心，所以打哥哥。但是，两者属于不同的性质：由于弟弟的出生，哥哥在家里的"无冕之王"被罢黜，哥哥打弟弟是因为报复，这是"复仇之战"。由于哥哥在家里，父母对哥哥另眼相看，弟弟打哥哥是因为要向哥哥发起挑衅和挑战，征服哥哥，显示自己的权威，这是"权力之争"。

为了避免权力之争，父母可以采用相应的办法。第一，私下提醒哥哥：如果弟弟打哥哥，哥哥虽然不要以暴制暴、以牙还牙，但可以用自己的力量制止弟弟的动手。如果哥哥没有弟弟力气大，就提醒哥哥：要锻炼，让自己有力量。比如，鼓励哥哥去打球，如乒乓球、羽毛球、篮球或踢足球。第二，让哥哥和弟弟各自发展不同的业余爱好，尽量让两个人的特长不具有可比性。第三，给哥哥和弟弟分派不同的任务，让两个人分别拥有自己的领域和交往圈子。

（二）怎样改变孩子"惯偷"的毛病

九岁前后的孩子可能会有偷窃的倾向，此事无关男女。有些孩子的家庭条件很不错，完全可以满足孩子的需要，但孩子依然享受"偷窃"的感觉。有些孩子被人发现投诉，或被父母责骂、体罚之后，依然保持"习惯性偷窃"的坏毛病。

其实，很多人在小时候偷过东西，后来有了羞耻感，就不偷了。对于孩子的偷窃行为，最好坚持三个原则：不纵容，不姑息，不放弃。这样的孩子过得很不容易，他也想改，但改不了。人生病了，都希望身体好起来，但很难立刻好起来。孩子"生病"了，家长不能打孩子，相反，要给予更多的爱和尊重。而一旦发现偷窃，则要归还盗窃物并让孩子写检讨。

如果孩子只是偶尔偷窃，被发现之后，父母最好带着孩子物归原主并赔礼道歉。回家之后，最好让孩子保证，以后绝不犯同样的错误。

可是，并非所有孩子的偷窃毛病都可以通过物归原主、道歉与保证的方式得到解决。相反，让孩子经历几次亲自登门道歉后，如果孩子对这件事没有了羞耻感，改正孩子的偷窃毛病会变得更加被动。

解决这个问题的前提是：要查明孩子偷窃的原因。我们需要探明：究竟是什么原因导致孩子成为"惯偷"？孩子成为"惯偷"，可能有两个原因。

第一，如果孩子在三岁前后没有与父母顺利建立亲密关系或依恋关系，那么他可能因为对情感的麻木而失去羞耻感，并由此导致无所顾忌地偷窃。父母或同学、老师认为偷窃是羞耻的，但这个孩子不以为然。一般而言，如果孩子与父母建立亲密关系或依恋关系，他对失去父母或他人的信任就会很恐惧。[1]

如果孩子没有这样的亲密关系或依恋关系，他对失去父母或任何他人的信任及情感就会比较麻木。情感麻木的孩子可能会以偷窃的方式唤起他人的关注，弥补自己长期不受关注的情感空隙。情感麻木的孩子也可能因为对身边同伴享有亲密关系感到嫉妒，并用偷窃的方式破坏他人的美好生活。

也就是说，孩子若有"惯偷"的倾向，要理解孩子的苦衷，因为这与家

---

[1] [美] 威廉·西尔斯，玛莎·西尔斯. 西尔斯育儿经 [M]. 蔡骏，译. 汕头：汕头大学出版社，2008：355.

庭经济条件没关系，孩子自己也过得很辛苦。家长可以回忆孩子的童年经历，如果的确是孩子在三岁前后没有与父母建立亲密关系，那么家长的斥责、打骂肯定解决不了问题。

第二，如果孩子在父母的严厉管教下感到压抑、压迫，可能会因为"报复"心理而让父母难堪，产生"你管不了我""你控制不了我"的心理。心理学家阿德勒说："儿童有偷窃或者其他不良行为时，通常都是为了报复。"[1]

总之，孩子成为"惯偷"，可能因为情感麻木或心生嫉妒，也可能出于对父母的报复。无论何种原因，皆是孩子与父母没有建立情感依恋关系或亲密关系。如果孩子已经成为"惯偷"，家长最好在坚持"不纵容，不姑息，不放弃"的大原则下，让孩子感受到父母对他的爱与信任。学校老师和同学也要给他更多的爱与信任。除此之外，几乎没有更好的办法让一个有偷窃习惯的孩子走上正轨。孩子偷窃原本就是因为缺乏父爱或母爱而心生嫉妒与报复，如果父亲或母亲不仅不给孩子提供更多的爱和信任，反而指责或鞭打孩子，会使孩子的问题变得更糟。

（三）孩子磨蹭、拖拉怎么办

九岁前后尤其是小学低年级的孩子容易做事磨蹭、拖拉、注意力不集中，主要原因是孩子身上的雄性激素没有被激发出来。父母最好让孩子参加户外活动，增加运动量。而且，父母最好亲自带着孩子参加户外运动。动生阳，静生阴，一旦孩子动起来，就会逐渐建立雷厉风行的习惯。改变习惯需要时间，也需要等待和守望的耐心，不必急于求成。

孩子不会认为自己做作业的节奏是缓慢的。每个孩子都有自己的节奏。他需要时间适应新的学习生活。父母可以考虑适当牺牲作业的质量，先追求速度，以换取质量。还可以引导孩子尽快完成，暂时忽略作业的质量，完成作业之后让孩子发展业余爱好。等孩子写作业的速度提升之后，再逐步关注作业的质量问题。

---

[1] [奥]阿德勒.自卑与超越[M].吴杰，郭本禹，译.北京：中国人民大学出版社，2013：43.

有些心理问题只能通过身体的改善才能获得解决，可以考虑发展孩子的体育特长，以快速运动提升其做作业的速度。运动不能包治百病，甚至不如静止（比如睡觉）更重要。但是，运动的最大价值就在于：可以提升人的阳气，激发人的精气神，发展人的意志力。有人注意到，用体育培养精英，已经成为发达国家的普遍模式。[1]

由于孩子过早学习知识，偏向理性生活，孩子的情感和情绪等心理品质尚未获得同步发展，由此可能出现不专注或情绪失控的状况。但父母不用过度焦虑，因为孩子的成长是加速运动而不是匀速运动。他可能起步晚一点，但不久就会追上去。父母在辅导孩子文化学习的同时，最好多陪他跑步、打球、练书法，不要仅仅盯着文化学习。孩子有了户外活动，会变得自信、勇敢、动作麻利，对文化学习也是有帮助的。

如果孩子完全不会答题并为此哭泣，则说明孩子感到无助和绝望。这需要家长为孩子提供必要的学习辅导，或者请他人为孩子提供学习辅导。人在无助和绝望的情境中会感到自卑，这很正常。

如果孩子追求完美，不能容忍有任何差错，则说明孩子过于敏感而缺乏基本的钝感力。聪明的人往往敏感，敏感是智力的基本要素。但是，如果过于敏感，孩子会因此过得不开心，也会让周围的他人过得不开心。敏感会派生出种种损人而不利己的负面情绪，如小气、嫉妒、唉声叹气、怀疑、不合作、孤独等。

敏感是重要的生存品质，敏感的人能够察言观色，体察人情世故，见机行事。但就日常的生活情趣而言，钝感比敏感更重要。适度的钝感是一种生活的力量。钝感力虽然有时给人以迟钝、木讷的负面印象，却是赢得美好生活的基本手段和高级智慧。[2]

[1] 详见：薛涌. 美国是如何培养精英的 [M]. 北京：新星出版社，2005；薛涌. 精英的阶梯：美国教育考察 [M]. 北京：新星出版社，2006.

[2] 有关钝感力的讨论，详见：[日] 渡边淳一. 钝感力 [M]. 林青华，译. 海口：南海出版公司，2013.

专题 3

十五岁前后的意志教育

十五岁前后的孩子处于中学阶段。按照《黄帝内经》的说法，女子十四岁则"天癸至，任脉通，太冲脉盛"，男子十六岁则"肾气盛，天癸至，精气溢泻，阴阳和"。这个阶段是孩子因"肾气盛"而出现第二性征，身体发育接近成熟状态。

　　十五岁前后相当于心理学家皮亚杰提出的形式运算阶段。[1] 有关十五岁前后尤其是十五岁之后的理性及其意志力教育，卢梭的思路贡献较大。在卢梭看来，"人生当中最危险的一段时间是从出生到十二岁"[2]。卢梭建议父母和老师要将孩子"健壮"地带到十二岁。十二岁之后，从十三岁开始，孩子可以接受理性的教育。也就是说，十五岁前后尤其是十五岁到十八岁是理性发展的关键期。

　　家庭教育要为三岁前后的孩子提供母亲的陪伴，为九岁前后的孩子提供父亲的陪伴。等到孩子十五岁前后，父亲与母亲最好逐步退场，让孩子逐步走向独立决策的自由生活。

[1] [瑞士] 皮亚杰.皮亚杰教育论著选 [M].卢濬，译.北京：人民教育出版社，2015：10.
[2] [法] 卢梭.爱弥儿（上）[M].李平沤，译.北京：商务印书馆，1978：96.

第七章 自信：强化孩子的自我效能感

一般而言，孩子在三岁前后的关键教育是情感、语感和动感三个感性的教育；在九岁前后的关键教育是文武双全、劳逸结合、通情达理三个刚柔相济的教育；在十五岁前后的关键教育是在感性教育的基础上，经过刚柔相济的教育，走向比较完整的自信、自学和自食其力的理性教育。理性教育的核心是意志品质，通过意志品质反过来强化九岁前后就开始的文武双全、劳逸结合和通情达理构成的"新六艺"教育及与之相关的德、智、体、美、劳、情六个核心素养。

也就是说，十五岁前后的三个理性教育其实是九岁前后规则教育的延续和定型。孩子在九岁前后就开始萌芽的文武双全、劳逸结合和通情达理的规则能否获得充分的发展，取决于孩子在十五岁前后是否有足够发达的意志品质及与之相关的自信、自学和自食其力的基本素养。反过来说，意志品质不能凭空产生，需要在文武双全、劳逸结合和通情达理的活动及德、智、体、美、劳、情"新六艺"教育中生长出来。

一、从自我认同到自我效能感

孩子的自信心首先来自自我认同，这需要孩子接受并看到自己的优势与魅力。为了让孩子有基本的自我认同和自我效能感，最好让孩子拥有比较强大的业余爱好和兴趣特长，尤其需要发展艺术特长和运动特长。

（一）提高孩子的自我认同感

美国学者埃里克森虽然为精神病学家，崇尚弗洛伊德理论，但他比弗洛伊德更重视生涯发展及每个阶段的危机，尤其是认同危机。

埃里克森将人的心理发展分为八个阶段，每个阶段都有特殊的心理任务和心理问题。在他划分的八个发展阶段中，前五个阶段与弗洛伊德所作的划分是比较一致的，但他的重点是文化和社会经验，而不是弗洛伊德式的性欲。埃里克森心理发展阶段的另一个重要特点是：弗洛伊德止于成年期，埃里克森则将人的心理发展阶段扩展到从出生到老年的整个生涯。[1]

第一阶段是口唇期（0—1岁），其基本任务是寻求信任感。当婴儿发出需要的讯号之后得到外界（主要是母亲）的积极反应和支持，就会对外界（主要是母亲）表达信任。他会相信他所处的环境是安全的，会感觉他周围的人是可信任的。孩子半岁前后开始"认生"，他会辨认周围的亲人或陌生人，寻求亲人并与之建立情感依恋关系。

这是孩子建立自我同一性或自我认同感的开端。如果婴儿无法从周围的环境获得照顾与爱的支持，他就会对周围的人和物产生怀疑、恐惧，产生自我认同危机或同一性混乱。

不信任也并非完全是消极的，相反，埃里克森认为不应该对任何他人都保持信任，不信任的感觉也是有意义的。正因为有了某种不信任感，孩子才会对潜在的危险保持警惕和预期，以免将来一旦遭遇挫折便束手无策。埃里克森认为，信任与不信任感要保持适度的比例，比较有利的人格发展状态是信任感多于不信任感。

第二阶段是肌肉期（1—3岁），其基本任务是以自主克服怀疑。在这个阶段，孩子开始追求独立，自己吃饭、做事、穿衣、走路、玩游戏等。如果父母支持孩子独立做事，在"尝试错误"中学习，那么孩子就会逐步发展出自我掌控感、自信心和意志力。

---

[1] 详见：[美]D.舒尔茨，S.舒尔茨.人格心理学[M].张登浩，李森，译.北京：机械工业出版社，2016：104–108.

相反，如果父母或他人过分控制孩子的自由活动，越俎代庖，或者一旦出现错误就呵斥甚至惩罚孩子，孩子遭遇多次的失败和惩罚之后，就会产生自我怀疑和羞耻感。

羞耻感也并非都是坏的，自主感或自信感也并非完全都好。在埃里克森那里，怀疑感与羞耻感也是需要的。如果过分自信以至于盲目自负，就会形成独断型人格，无法适应社会规则。但总体上，自主感、自信感应多于羞耻感和怀疑感。尽管勤奋做事的过程中也需要一定的失败体验，以便提高受挫的承受能力，但不能让孩子过度体验失败。要求过高或过分的约束和批评可能导致自我怀疑，并由此带来同一性危机。[1]

第三阶段是运动期（3—6岁），其基本任务是主动做事克服内疚，逐步增强运动和心理能力。这个阶段的运动与心理能力尤其是语言能力发展较快，渴望拥有异性父母并在不同程度上显示出与同性父母的对抗。

如果父母保护孩子的好奇心及常识错误的探索行为，让孩子尝试各种活动，孩子主动做事的人格就会得到发展。如果孩子的探索行为总是受到父母的阻挠或禁止，他们就会产生内疚感与失败感。这种失败感和内疚感还会导致下一阶段的自卑人格。

第四阶段是潜伏期（6—12岁），其基本任务是以勤奋克服自卑。这个阶段处于学龄初期，智力尤其是逻辑思维能力和遵守规则的意识发展迅速，活动由家庭扩展到学校和校外的社会。

影响孩子的重要他人是父母和老师及同伴与邻居，老师的影响尤其重要。他们对工具技术比较感兴趣，喜欢利用工具勤奋做事。埃里克森警告父母不要把孩子的勤奋做事视为捣乱，否则会导致孩子自卑。这个阶段的孩子尤其需要鼓励和赏识，以此激发他们竞争与勤奋的精神。

第五阶段是青春期（12—18岁），其基本任务是以同一性克服角色混乱。这一阶段的关键是发展出自我同一性或自我角色，也是最容易出现自我角色

---

[1] [美] 格里格，津巴多 . 心理学与生活 [M]. 王垒，王甦，等，译 . 北京：人民邮电出版社，2003：305-306.

混乱或身份危机的时期。处于青春期的儿童特别看重自己的期望及他人对自己的评价和认同。

认同来自儿童想要成为的理想，也来自外力强加的评价，而且外力往往来自那些儿童依赖的人。几乎每个青春期的儿童都会遭遇同一性的危机。只有当个体形成与同龄伙伴和家庭之外的领导相似或相同的同一之后，同一性危机才会解除。

第六阶段是成年早期（18—35 岁），其基本任务是以亲密关系克服孤独。这个阶段最重要的危机来自职业身份认同。埃里克森特别强调工作的胜任特征在社会文化和人际关系中的重要性。事实上，埃里克森本人及其他不少心理学家如罗杰斯（C. Rogers）[1]、斯金纳（B. Skinner）[2]等都在不同程度上遭遇过职业身份认同的危机。

第七阶段是成年期（35—55 岁），其基本任务是以繁殖克服停滞。繁殖不必然显示为生育孩子，当人们热衷于教育和指导时，也显示出某种繁殖、发挥影响力的心理倾向。就此而言，"好为人师"是成年人的普遍心理情结。如果无法满足繁殖或教育、指导他人的渴望，就可能出现中年危机。

第八阶段是成熟到老年期（55 岁之后），其基本任务是以自我完善克服失望，避免为老不尊。如果晚年对自己一生的所作所为不满意，也会出现身份危机。

身份及认同危机是埃里克森提出的重要概念，也是他在心理学和生涯教育领域作出的重要贡献。有人认为："大部分职业发展的研究者和论述者认为埃里克森是身份认同这个概念的创始人，对身份认同的理解无人能够超越

---

[1] 罗杰斯曾经对自己作为心理咨询师感到不能胜任，极度失望。"深深感到不足以作为一个心理咨询师，作为一个人我一文不值，在心理学领域里我没有任何未来。"后来，罗杰斯在心理学领域获得成功，1946 年就任美国心理学会主席，并获得协会颁发的杰出科学贡献奖以及杰出职业贡献奖。详见：[美]D. 舒尔茨，S. 舒尔茨 . 人格心理学 [M]. 张登浩，李森，译 . 北京：机械工业出版社，2016：169–170.

[2] 斯金纳的职业认同危机来自他在成为作家和心理学家之间的不确定与不自信。斯金纳虽然后来以心理学获得身份认同，但他一度重拾失败的作家身份，通过创作小说《沃尔登第二》来表达他对情感和理智上的不满，宣泄他的职业挫败感。详见：[美]D. 舒尔茨，S. 舒尔茨 . 人格心理学 [M]. 张登浩，李森，译 . 北京：机械工业出版社，2016：198.

埃里克森，其他理解最多就是对埃里克森思想的模仿。"[1]

按照埃里克森的理论，人都有自我认同的问题和危机。但是，十五岁前后的孩子尤其会遭遇自我认同的危机和危险。这个年龄阶段需要有足够的成功体验和他人的承认与赏识，否则，孩子会陷入黑暗的自卑情结。在超越自卑的过程中，孩子需要从父母和老师、同学那里获得认可与强化。这个阶段的孩子尤其需要鼓励和赏识，以便让孩子自信地参与竞争并勤奋地为自己赢得更好的精神画像。

十五岁前后的孩子正处于性发育接近成熟的青春期，男孩和女孩都会在这个阶段出现第二性征。身体的变化及性的萌芽与觉醒导致孩子更容易出现角色的迷惑、慌乱或自卑倾向。处于青春期的孩子特别敏感，他们会悄悄地观察他人对自己评价与自我感觉的异同。几乎每个青春期的孩子都会遭遇身份危机。这需要父母尽可能保护孩子的敏感与期望，让孩子参与家庭决策，认可孩子不那么成熟的意见，让孩子在尝试错误的过程中建立自信、自学和自食其力的独立精神。

（二）增加成功体验

心理学将自信称为自我效能感，这是一种相信自己能够成功的信念。[2]人的自我效能感主要来自四个方面：自己以往的成功经验、观摩他人的成功经验、自己的行为受到他人认可和赏识、生理与情绪状态。与之相应，教育者或咨询者需要从这四个方面为当事人提供提高自我效能感的策略。[3]

成功体验导致自我效能的提高，反复的失败将降低自我效能的期望。孩子最初都有强大的自信，不少孩子甚至显示出过度的自负、自我中心。但是，经过后天无数次的打击、挫败，孩子的自信心逐步磨损，最终走向自卑

[1] [美]彼得森，冈萨雷斯 . 职业咨询心理学 [M]. 时勘，等，译 . 北京：中国轻工业出版社，2007：112. 引用时对译文略有调整。

[2] [美]D. 舒尔茨，S. 舒尔茨 . 人格心理学 [M]. 张登浩，李森，译 . 北京：机械工业出版社，2016：215.

[3] 详见：Bandura A. Self-efficacy: Toward a Unifying Theory of Behavioral Change[J]. *Psychological Review*, 1977（2）：191–215.

和无助，甚至导致不同程度的抑郁和"意志的瘫痪"，心理学称之为习得性无助（learned helplessness）。

经典的习得性无助是美国心理学家塞利格曼（Seligman）提出来的。在实验研究中，塞利格曼将狗置于痛苦而不可躲避的电击之下。无论狗做出何种努力，都无法逃避痛苦的电击。最后，这只绝望的狗听天由命，不再做任何努力。即便拆除了电击的装置，这只狗也依然保持被动消极、麻木不仁的状态。[1]

失败总是可能的，但是如果通过反复成功已经培养出强大的效能感期望之后，偶尔失败的负面影响就会减少。即使遇到困难，自信的孩子也会愿意通过持续的努力来克服困难，偶尔的失败反倒可以自我激励。

也可以让孩子观看他人的成功，以此带来做事的信心。看到他人经过努力可以成功，自己也可能在观察中产生"我也可以做到"的期望。看到别人的某个行为受到惩罚时，自己也会减少这种行为。法律上的威慑作用可以视为替代性强化。

除此之外，也有人提出自我强化的概念。人们为自己设定某个目标或标准，并以自我奖赏或惩罚的方式对自己的行为作出反应。这种自我强化、自我评价及由此带来的自信与自我意识的形成过程被称为"现象学"。[2]

相关研究表明，在自我效能感的绩效成就、替代学习（替代强化）、社会说服（口头说服）、生理和情感状态四个来源中，个人表现成就或绩效成就与自我效能感的关系最密切。[3]

身体姿势会影响人的自信心。如果某人以颓废的姿势坐一整天，唉声叹气，对所有的事情都以阴沉的声音作出回应，这种忧郁的心情会一直持续。相反，如果甩开膀子，大步流星地走路，情绪就会好转。实验研究显

---

[1] 详见：[美]格里格，津巴多.心理学与生活[M].王垒，王甦，等，译.北京：人民邮电出版社，2003：433.

[2] 详见：[美]班杜拉.社会学习理论[M].陈欣银，李伯黍，译.北京：中国人民大学出版社，2015：100–120.

[3] Lent, R. W. Social Cognitive Career Theory[A]. Brown, S. D. & Lent, R. W.（ed.）*Career development and counseling: Putting theory into practice*[M]. New Jersey: Hoboken, John Wiley & Sons, Inc., 2013: 115–146.

示，双臂交叉的姿势与决心和毅力是有关联的。那些双臂交叉的学生在解决不可能解决的问题时，在坚持解题的时间方面远远超过把手放在大腿上的人。[1]

不过，孩子听讲的时候，建议尽量避免双臂交叉的动作。双臂交叉可能有多种原因。一是因为紧张。双臂交叉，紧紧地抱在胸前，有控制意念、屏气凝神的作用。二是自信或对讲课内容不以为然。因此，业内人士告诫应聘者，应聘时不要双臂交叉，因为这个动作容易给人自我封闭、拒绝接受意见的不良印象。老师讲课的时候，如果发现有学生双臂交叉抱在胸前，可能会感觉到自己受到挑战。

一般而言，身心是统一的。真正美好的微笑是"会心一笑"。但是出于职业需要，微笑也会作为训练项目之一。比如，某些航空公司在培训员工时，要求员工咬筷子训练微笑的动作。

类似这样的微笑训练貌似是身体外形的变化，无关心情，但是表情或身体姿势反过来也会影响人的情绪。当航空小姐出于职业需要展露笑颜时，她们自己也会感到快乐。

有人做过实验，先让参加实验的人戴上耳机收听广播社论，再让他们左右摇头或上下点头，以便测试耳机装置。然后，询问他们是否同意刚才听到的广播社论。研究结果显示，点头的人更多赞成刚才听到的社论。点头的动作会强化自己的积极情绪，摇头的动作则更容易导致负面的情感态度。

（三）发展孩子的特长，赏识你的孩子

业余爱好和兴趣特长是十五岁前后的孩子保持自信的重要凭据。如果孩子在九岁前后已经显示出特长，则可以鼓励孩子在保护和延续特长的前提下跟进其他知识的学习。如果孩子尚未显示出特长，父母可以帮助孩子发现他的特长或优点。如果实在找不出孩子的特长或优点，则说明孩子的发展比较

---

[1] [美]迈尔斯. 社会心理学 [M]. 侯玉波，乐国安，张智勇，等，译. 北京：人民邮电出版社，2016：142-143.

全面、淡定从容。全面发展和淡定从容是一个优点，或者说，没有特点本身就是一个特点。

为什么一定要让孩子有特长呢？

第一，人需要有成就感，赢得他人的赏识。如果孩子在成长过程中从来没有获得他人的赏识，没有足够的成就感，就会厌学、逃学、辍学。

第二，人只有通过特长才能带动全面发展。没有特长的发展只是平均发展，不是全面发展；任何存在都显示为中心和边缘的关系，没有中心的存在是虚假的。

第三，人只有建立了特长才能拥有成家立业的力量，特长将成为孩子将来的专业。即使不能成为他的专业和职业，特长也会成为他的业余爱好。有特长并由此发展业余爱好的人，才是幸福的人。

既没有特长又没有业余爱好的人，是不幸的。对于小康社会或小康家庭来说，不会玩的学生可能是真正的"差生"。

无论孩子是否有业余爱好或兴趣特长，父母都需要无条件地赏识孩子。只要孩子获得足够多的成功体验与被赏识的机会，他就会长期保持足够的自信与自我效能感。

智慧的父母往往给孩子提供三种赏识：一是关注；二是奖励或表扬；三是信任和责任委托（简称信托教育）。表面看来，最强烈的赏识是奖励（或表扬）。实际上，能够发生强烈且持久激励效应的赏识是信任和委托，信任并委托孩子处理家庭大小事务。

关注是赏识的初级形式。与关注相关的行为包括注视、肯定、提供帮助等。注视的直接形式是看着孩子，友好地看着他。肯定意味着不仅关注，而且对孩子的言行表示认可、赞成。比如，父母准确地回忆孩子的某个行为或话语，准确地复述或概括孩子的某些说法等。除了注视和肯定之外，有时候需要为孩子提供必要的帮助。当孩子遇到无法解决的困难时，父母可以为孩子提供某种建议或支持等。

奖励是为孩子的成功表现提供物质或精神的奖赏、激励。在所有的赏识行为中，奖励的刺激效应最强烈，但父母需要谨慎使用。过度使用奖励的办法刺激孩子表现优秀的结果是，一旦父母停止奖励或孩子对父母的奖励感到饱和，就会失去主动成长的动力。

信任和责任委托是赏识的高级形式。士为知己者死，女为悦己者容。与信任相关的行为包括不怀疑、责任委托、重用等。信任的直接形式是让孩子自由地说话、做事，用人不疑。责任委托意味着让孩子为父母承担某项工作。重用则是让孩子承担更大的责任，甚至在某些领域全权代理。孩子能否在父母的帮助下承担责任甚至成为全权代理的负责人，这是孩子长大的标志。

赏识孩子并不意味着不要批评。赏识并不与批评或惩罚对立，赏识的反面不是批评或惩罚，而是"不善于赏识"。赏识是一门高级的教育技艺。如果父母善于赏识，掌握赏识的技艺，完全不必考虑批评或惩罚的问题。

作为一门高级的教育技艺，赏识需要遵循一些基本原则。

一是真诚而及时地给予赞扬，多赞扬孩子努力的过程或方法而不是结果或运气。比如，如果孩子考了100分（满分），父母就应该真诚地祝贺和赞扬孩子，千万不能敷衍地说："很好，但不要骄傲，争取下次考得更好。"已经考了100分，怎么能考得更好呢？

智慧的父母会真诚地祝贺并跟孩子说："我就预料到你这次会考得不错，因为这个星期你开始形成了答题之后立刻检查的习惯。"或者说，"因为这个月你开始自学数学了，完全跟在老师的后面是很难学好数学的，数学学习需要走在老师的前面，这样会对老师的讲课内容心领神会"。也可以跟孩子说，"这次你的英语考得这么好，是因为你这个学期一直坚持听英语音频"。

二是以关注和信任为主，以奖励为辅。精神上的关注和信任能够激发孩子对自己所做的事产生内在的兴趣和激情。坏的赏识会驱使孩子为了获得某种外在的奖励而做事或学习。有时候，孩子本来对学习或某件事有内在的兴趣，但是如果父母轻率地使用奖励，孩子将逐渐由内在的兴趣转向为获得外在奖励而努力，然后会逐渐对外在的奖励感到麻木而选择彻底放弃。

即便奖励，也要以精神奖励为主，以物质奖励为辅，以奖励日常用品或旅游活动为主，而不是简单地奖励金钱。所奖励的日常用品最好是父母一直想给孩子买而没有买的，而不是奖励某些多余的、大而不当的物品。比如，当孩子在某个方面表现出色，父母在赞扬孩子的同时宣布去买一双运动鞋，抑或是暑假跟孩子一起去内蒙古看大草原。

三是以赏识孩子的生活习惯或交往行为为主，而不是仅仅赏识孩子的学业成就。赏识本身就意味着父母设立了"什么是一个好孩子""什么是一个好人"的标准和期待。它之所以重要，就是为了让孩子逐步接受这个标准，迎着父母的期待而成为"好人"。

二、培养孩子的决策能力

十五岁前后的孩子需要开始接受比较完整的理性教育。理性教育的首要任务是让孩子学会跟权力、权利与权变打交道，既要学会临危不乱而做出理性的决策，又要在自己的权利受到严重侵犯时有基本的维权意识，在处理矛盾冲突时有权衡利弊的经权智慧。

（一）权力意志与决策能力

渴望权力是人的本性。每个孩子都有权力意志，都希望发出自己的声音，"说话有人听"。也正因为权力意志是每个人的本性，就需要引导孩子说出自己的意见之后，也尊重他人的意见。理性教育的第一责任，就是引导孩子尊重他人。孩子成长或成熟的基本标志是"心中有他人"。一旦有他人意识，孩子就开始变得有理性。

为了发展孩子的权力意志，父母最好引导孩子参与家庭决策。无论买房子、买家具还是到酒店就餐时点菜，抑或购买孩子的衣服或玩具，父母最好征求孩子的意见。三岁前后的孩子已经可以对自己选择什么玩具、吃什么菜作出决策，九岁前后的孩子可以对购买什么家具、衣服甚至买什么样的房子作出决策。

孩子的意见可能并不合理，但不那么合理的意见也需要被尊重。正因为孩子的意见最初不那么合理，才需要父母引导孩子学会作出合理的决策。理性教育的理想状态就是培养出一个有主见、善于作出决策的孩子。在孩子邀请朋友聚会或被邀请参加朋友聚会时，父母可以引导孩子设计聚会的主题和项目。从小就参与家庭决策的孩子，到了幼儿园和小学就会驾轻就熟地主持班级管理的各种事务。

作出决策虽然并不完全意味着提出与众不同的主见。决策的过程需要了解情况，知彼知己，甚至需要临危不惧，在混乱的环境中保持镇定。更重要的是，要有与众不同的批评精神与质疑能力。美国诗人弗罗斯特（R. Frost）说："两条路在树林里分岔，我选择走人少的那条。"[1]

（二）权利意识与维权意识

权力教育是让孩子学会主动做事、积极决策。与权力教育相对的是权利教育。与权力教育相比，权利教育显得比较被动和消极，也称被动的权力教育或消极的权力教育。如果权力意味着自由，权力教育就是积极的自由，权利教育就是消极的自由。积极的自由就是"我要……"的自由，消极的自由就是"我可以免于……"的自由。

相比之下，消极的自由比积极的自由更加重要，因为并非每个人都需要作出"我要……"的主动决策，但是当自己的基本权利受到侵犯或剥夺时，每个人都需要维护自己的权利，让自己免于受侵犯或欺凌。在家庭教育中，如果说权力教育的核心是引导孩子参与家庭决策，那么权利教育的核心是告诉孩子如何保护生命、财产和自由不受任何他人的侵犯。如果自己的身体受到侵犯，被同伴欺凌，就要抵制。如果自己无法抵制，就应该勇敢地告诉家长或老师，请求家长和老师提供帮助。

除了类似校园欺凌必须维护权利之外，权利教育还意味着引导孩子为自己的观点提出辩护。当孩子的意见与父母发生冲突时，父母最好允许孩子提出辩护，为之提供一个友好的环境，并把辩护作为权利教育的重要任务之一。当自己的意见或利益遭受他人的破坏与剥夺时，孩子可以维护自己的权益。理性教育的底线就是引导孩子学会维护自己的权利，逐步掌握基本的维

---

[1] 详见：弗罗斯特的《未选择的路》(*The Road Not Taken*)。电影《死亡诗社》里的基丁老师向学生推荐这首诗以及相关的新文化并由此赢得学生的拥戴。

权意识。

（三）权变意识与经权智慧

理性教育有两个基本途径：一是权力教育，让孩子学会在生活和学习中作出决策；二是权利教育，让孩子学会维护自己的权益。但是，无论是作出决策还是维护自己的权利，每个人都需要理解并尊重他人的权利，不能让孩子养成自以为是、固执己见、师心自用的坏毛病，不能以自己的权力意志干涉和破坏他人的权力意志。每个人都有自由的权利，但要以不干涉他人的自由为前提。

真正的通情达理就是善于处理矛盾和冲突，父母最好尽早让孩子学会。矛盾和冲突是孩子成长的必修课程。通情达理的标准是"原则性与灵活性相结合"，既坚持理性，按原则办事，又重视情感，有变通的灵活性。

孩子在交往中发生矛盾和冲突时，就是培养其通情达理这一重要教养的最佳时机。交往中的常见矛盾和冲突是意见分歧。父母需要引导孩子尽早学会用"原则性与灵活性相结合"的办法去商谈并化解意见分歧。当自己的意见和他人的出现分歧之后，既不必放弃自己的观点，更不能强迫他人接受自己的观点，这就需要学会"商谈"。商谈就是讨价还价。学会讨价还价，就是学会过一种民主的生活。父母要有基本的民主意识，引导孩子尽早参与家庭决策，学会用原则性与灵活性相结合的方式去维护自己的权利。

培养通情达理基本素养的有效途径就是权力教育和权利教育再加上权变教育。权变教育是理性教育与情感教育的融合，用理性的原则性解决问题，用情感的灵活性去折中、妥协、变通。

如果说权力教育的核心策略是引导孩子学会作出决策，权利教育的核心策略是引导孩子维护自己的基本权利（生命权、财产权和自由权），那么权变教育的核心策略就是引导孩子学会用民主的方式去协商、拐弯和妥协。拐弯和妥协是自然的秘密。没有一条河流是笔直的，河流总要拐弯，顺势而为。没有人总是能够一呼百应、一锤定音，决策总是需要拐弯和妥协，不要指望刚强就能解决所有问题，能够解决问题的不是刚强而是刚柔相济。刚柔相济的可操作策略是外柔内刚、以柔克刚。

权变教育是让孩子尽早养成民主的生活方式，既要按照已经制定的原则办事，又要学会妥协，有权衡利弊的思维习惯和心智模式。现代人将商谈精神称为"原则性与灵活性相结合"，古典教育称为"经权智慧"。经权智慧之"经"，就是重视经典大法及其原则；经权智慧之"权"，就是权衡利弊，灵活变通。

既然民主是一种生活方式，这就需要父母亲自示范，学会用民主讨论或商谈方式处理家庭冲突及工作矛盾。当父母与孩子发生冲突时，也要学会用讨论或商谈的方式去解决，而不能用"我说了算"的语言暴力或肢体暴力去解决。

三、扩充孩子的爱与意志，建立强大的意向性

十五岁前后的孩子需要建立强大的意向性和意志力，父母最好引导孩子过有爱与意志的生活，树立胸有成竹的观念与信念。在爱、意志与信念三者之间，意志起核心作用。

（一）爱的教育

情感教育的核心要素是亲情、友情和爱情。家庭教育和学校教育都有为孩子提供情感交往教育的责任，相比较而言，家庭教育的责任更大一些。只有孩子拥有亲情、友情和爱情，才会在任何时候、任何地方舒适而顺畅地展开生活。这三个成长优势，藏着孩子的未来。

孩子三岁前后需要的情感主要是亲情，九岁前后需要的情感主要是亲情和友情。孩子十五岁前后虽然也需要亲情和友情，但会逐步渴望爱情。爱情之所以重要，除了因为"饮食男女，人之大欲存焉"[1]，更重要的是彼此将对方视为最好的朋友。爱情是友情的升华（一般发生在异性之间）。

---

[1] 详见：《礼记·礼运》。

恋爱与亲人之爱类似，两者都接近自爱。杀父之仇或夺妻之恨之所以激烈，也是因为父母与妻子是自己生命共同体的一部分。杀父与夺妻类似切割自己的肉身。

有了亲爱和友爱作为铺垫，恋爱就会顺理成章；有亲爱和友爱作为前提，恋爱才不会纵欲、无理或失礼。中国传统文化既承认人的自然欲望，"食色，性也"[1]，同时又重视以理制欲。

中国父母和老师对爱情尤其是早恋一直比较警惕。中小学老师和家长因害怕学生早恋而以"青苹果是苦的"或"青苹果是涩的"来提出种种规劝。

中国父母或老师不赞成小学生或中学生谈恋爱是可以理解的，不过也没有必要拿"青苹果"说事。成熟的苹果有成熟苹果的味道，青苹果有青苹果的味道，很难说哪一种苹果更有味道。

早恋是一个人为建构的词语，并没有严格意义上的早恋事实，因为没有人能够给早恋提供一个年龄的界限。悬而未决的问题是：小学生谈恋爱叫早恋吗？或者，中学生谈恋爱叫早恋？只有大学生谈恋爱才不叫早恋吗？

某些大学管理者仍然不愿意看到大学生谈恋爱。中小学老师和家长害怕学生早恋的苦衷可以理解，但没有必要用类似"青苹果是涩的"之类的说辞来搪塞孩子的稚嫩爱情。如果对小学生说"青苹果是涩的"倒可以理解，如果对中学生尤其是高中生说"青苹果是涩的"简直就是欺骗。一般而言，高中生的生理发育已经趋向成熟，是将要成熟或已经成熟的"美丽苹果"。不赞成中学生谈恋爱就罢了，只看重知识不看重感情也就罢了，不必拿"苹果"说事。

爱情生活是整个动物界最美好的生活。在猴子、老虎、狮子等动物那里，似乎从来没有早恋的倾向。动物界的父母似乎从来不为孩子早恋问题担忧。在比较原始的民族，父母也从来不担心孩子早恋会影响他们的身体发育及智力发展。

父母和老师对待学生恋爱的态度，显示出一个国家或民族的发达程度。

---

[1] 详见：《孟子·告子上》。

近年来，中国家长和老师对学生早恋问题有所放松，不那么如临大敌，这显示了国家的进步。从美国和欧洲国家的学生交往来看，小学谈恋爱在家长和老师看来是再正常不过的事。中学生如果没有异性朋友的追求，无论男女，倒可能会感到没有面子。中国父母之所以担忧学生早恋问题，主要是因为升学竞争压力太大，不得不鼓励孩子延迟享受。

有学者指出，美国发生的多起恶性校园枪击案，与凶手的爱情受挫导致心理变态有关。比如，韩裔美国学生从暗恋到仇杀异性，就是明显事实。美国学者甚至建议亚裔子女重视恋爱教育。[1] 如果从小不重视情感教育和情感磨炼，孩子长大后就经受不住恋爱的挫折。遗憾的是，现代教育制度尤其是现代考试制度催熟了一批知识的巨人和情感的低能儿。

究竟应该如何对待孩子的早恋问题，以下几个思路可供讨论：

第一，即使不必提倡恋爱从小学就开始，但至少应该从小学就开始有正式或非正式的情感教育课程，包括爱异性和爱一切他人。从初中开始，就应该为孩子提供坦然的、科学的性教育课程，既让孩子了解性的美好，也让孩子了解性的危险。

与其用遮掩、变形或神秘的方式引起孩子的更多误解和错误想象，不如采用两种办法：一是艺术的方式，让孩子阅读古典小说，观看古典电影，在阅读和观赏古典爱情故事中体验性与爱的美好。二是坦然直接的方式。如果孩子提出类似"我从哪里来"的问题，家长最好采用类似这样的方式直接告诉孩子：爸爸和妈妈结婚之后，爸爸体内的种子和妈妈体内的种子结合，就孕育了一个"小苗"。这个"小苗"在妈妈的肚子里生长十个月之后，一个可爱的孩子就降生了。如果孩子继续追问，爸爸妈妈如何结合，家长可以给孩子推荐相关的电影或纪录片，让孩子自己去观看、理解基本的性知识。

第二，可以为十五岁前后的孩子提供性教育，但最好以艺术的方式，而不必做成赤裸裸的生理学、生理卫生学或性学课程。在孩子尚未达到性爱的年龄之前，没有必要给孩子过度普及性知识。事实上，不少十五岁前后孩子

---

[1] 感兴趣的读者可在网上搜索和阅读有关"亚华裔子女应融入美国学生早恋主流"的资料。

的性倾向尚未分化，他们可能更愿意跟同性交往。不少孩子要等到十八岁前后，才逐步明确自己的性意识。可以采用漫画的方式提供性教育，但漫画最好接近科学而不是夸张、变形。如果有关性教育的漫画过于夸张、变形，将引起孩子更多的误解和错误想象。

第三，给孩子提供温暖的家庭环境，让孩子有足够的亲情和友情。相比之下，那些生活在夫妻关系混乱、家庭生活异常的孩子更容易发生所谓的早恋。那些在家庭生活中找不到爱的孩子才容易性情敏感。如果一个女孩在家庭中享受了足够的父爱，她就不会因为某个男孩轻轻触碰她的头发而发生触电般的兴奋和战栗。如果一个男孩在家庭生活中感受到足够的快乐，他就不会轻易在别的地方寻找慰藉和温暖。

此外，在孩子小的时候就可以带他游览外面的世界，开阔眼界，胸怀天下，积累"一览众山小"的高峰体验。视野开阔的孩子会逐步领会：只有那些有见识、视野开阔的人才知道什么是美好的事物，只有那些视野狭窄的人在说话或做事时才会容易走极端，只有那些没有见识过美好事物或从来不知道何为高贵生活的孩子才会容易发生所谓的早恋。

但鼓励孩子旅游的同时，最好让孩子通过阅读和思考形成自己的判断，只有建立在阅读和思考之上的旅游才使人增长见识。否则，旅游就只有一个功效：用来满足傻瓜的好奇心和虚荣心。如爱默生所言，"旅游是傻瓜的天堂"[1]。类似的说法是："由于缺乏自我修养，所以人们便迷信旅游。"[2]

有人从经济学角度讨论孩子恋爱的风险与保险问题：不必小学期间就谈恋爱，因为等到你进入了初中，会发现小学那帮熊孩子完全不配你；也不必初中谈恋爱，因为等到你进入了高中，会发现初中那帮傻了了的孩子还是不配你；高中依然没有必要谈恋爱，因为等到你考上了大学或研究生，会发现只有大学或研究生同学才值得你去追求。你不用担心谁适合做恋人，因为中国的考试制度将帮助你把不合格的人淘汰掉，把适合你的人留下来。[3]

---

[1] 爱默生 . 自立 [M]. 蒲隆，译 . 北京：法律出版社，2009：41.

[2] 同上：34—35。

[3] 此案例由广东技术师范大学朱教授提供，谨此致谢。

类似这样的经济学视角虽然显得比较功利，但作为一家之言，尚可参考。孩子在中学遇见喜欢的异性，会不可避免地陷入恋爱或者暗恋。但在中国当下的学业竞争环境下，真正完整的恋爱需要进入大学之后才开始。

（二）意志第一

"意志第一"是对"性格—身体本位"的补充。意志既显示为性格，也关乎人的身体。[1]"性格—身体本位"的教育原本就包含了意志力的教育。

中国人对意志的重视，可以从"有志者事竟成"的民间智慧中获得印证。在英语中，"意志"（will）是一个奇妙的词语，它含有欲望、打算、喜欢、意愿和意志多种含义。德国人尼采强调权力意志，中国人陈独秀呼吁抵抗力，都在强调意志的重要意义。

人和人的差异，一个民族和另一个民族的差异，往往显示为意志力的强弱。强大的人并不见得头脑有多么聪明，四肢有多么发达，重要的是，这个人有强大的意志力。如果父母希望培养孩子的竞争力，就需要鼓励孩子养成不服输、不放弃的品格。人既需要与人合作、与自然合作，也需要与人竞争、与自然竞争。一旦进入竞争状态，人就需要意志力。人有时会以智力或体力取胜，但在智力与体力大致相当的前提下，人以意志力取胜。

虽然没有必要因为"意志第一"的观念而否定知识和情感的地位与价值，但从获得知识、建立情感和培育意志的难易程度来看，培育意志比获得知识和建立情感更艰难，因此也更重要。

培育人的意志就是训练人吃苦的精神。"有志者事竟成"的民间智慧几乎可以转换为"生于忧患，死于安乐"的历史智慧。

意志力教育需要的正是吃苦的训练。相关的建议是：不要让孩子轻易得到他想要的东西，在让孩子获得某个东西之前，最好让他付出相应的努力、等待和代价。

让孩子付出努力，就是让孩子为获得这件东西而做相关的劳作。比如，

---

[1] [英] 欧德菲尔德.自由地学习 [M].李泽武，译.北京：人民文学出版社，2006：15.

让孩子坚持完成一项家务、坚持学会某个知识主题（看一本书或研究一个问题），或者让孩子坚持卖报纸或旧书等。孩子在做事的时候，需要父母的守望和幕后关注，但父母不要轻易出手帮助孩子。如果孩子遇到挫折，经历失败，感到伤心，也要鼓励孩子不轻言放弃。只要孩子持久地做某件事情，他就会逐渐领悟劳动的价值及任何美好东西背后的艰辛。

让孩子付出等待，就是承诺在未来某个确定的时间才让孩子拥有某个东西，而不是让他立刻获得。等待既可以训练孩子的耐心，又可以让孩子因较长时间的等待而珍惜他终于获得的东西。如果让孩子立刻得到他想要的东西，他会很快就对这个东西失去兴趣。就如王尔德所说："生活中有两个悲剧：一个是得不到想要的，另一个是得到了。"[1]

（三）以强大的意向性对待人生的种种考试与考验

十五岁前后的孩子会频繁与考试或考验打交道。如何面对考试和考验，是这个阶段的孩子必须直接面对的问题。并非所有的考试都是重要的，如果面临比较大型的考试，孩子和家长不免会紧张、焦虑。

1.过一种观念的生活，从模拟考试到胸有成竹。

临近大型考试的前几天，最好让孩子不再埋头做模拟考试题，应该引导孩子从模拟考试的生活转换为"胸有成竹"的生活。"胸有成竹"隐含了重要的学习方法，西方哲学称为"现象学"。"胸有成竹"的字面意义是说，对一件事情已经有了足够的把握，没有必要过于担心。

胸有成竹的深层意义在于，人如果想成功地描述或描绘竹子，最好的方式不是直接面对竹子，而是从整体上细致地观看竹子之后尽快离开它，让竹子的形象或观念"印"在自己的头脑（心或心胸）中。接下来，如果要描写或描绘竹子，就不必而且不可以用眼睛去看那个现实中的竹子（这是用感觉直观竹子，是笨办法），而应该在脑子中看那个观念化的竹子（这是用理性

---

[1] [英]王尔德.王尔德的美丽哲学[M].哲空空，译.北京：北京时代华文局，2014：204.引用时对译文略有调整。

直观竹子，是聪明的办法）。

按照胸有成竹的办法，家长可以引导孩子在考试前停止被动的模拟考试，转向亲自编制试题：一支笔，一张白纸；或者，不用笔，也不用纸，只在脑子里像放电影一样地闪现某些重要试卷或试题（尽量保持心平气和的宁静状态，不要因心急而"走火入魔"）。

家长可以引导孩子通过自编试题的方式，增强对每个学科的整体掌控感，让孩子由被动的答题者转换为主动的命题者。孩子亲自编制一份高质量的试题，胜过做十份模拟试题。孩子若能够编制一份高质量的试题，就能够解答其中的考题。正如，如果能够说出一句外语，他就能听懂这句外语。训练学生编试题的能力，比训练学生做模拟试卷更重要。

不善于考试的人，只能用笔、纸解答眼前的某一道题。善于考试的人，往往习惯于观念的生活——在脑子里闪现答题的要领和步骤。学会在脑子里答题（现象学意义上的"胸有成竹""下盲棋"）：手中握笔，面对试题，在脑子里形成答题的步骤和要领。画画的高手可以做到胸有成竹；下象棋、围棋的高手，往往可以做到下盲棋。

2. 让内心深处的自信为增强意向性提供动力。

可以引导孩子把求学的原则和做人的原则适度分开。做人要谦逊、低调甚至谦卑。在与人的交往中，谦虚使人进步，骄傲使人落后。但是，求学要骄傲、自信甚至"自负"。在求学的过程中，骄傲使人进步，谦虚使人落后。

养成自信地解答试题的心理习惯，胆大心细者，成绩卓越；养成尊重他人、赏识他人的礼仪规范，善待他人者，受人欢迎。

不让情绪影响知识学习和考试成绩。考试之前，可以适当减少社会交往活动，避免人际交往中临时生成的误解或非议。第一，少做人（好人不是做出来的，好人途径是桃李不言，下自成蹊）。第二，少交往（不是不交往），以免无事生非或言多必失。第三，不讨好他人（讨好他人的结果是急切地渴望他人的回应）。

多准备几张自信的照片，最好是一寸和两寸的彩色照片，以便在需要办理准考证时派上用场。照片中的头像是否自信，可以将三个词语作为参考标准：一是趾高气扬；二是指点江山；三是不可一世。

趾高气扬的标准意味着照相时最好抬头挺胸，保持昂首阔步的姿态。

指点江山的标准意味着对当前的局面或未来的局势有掌控感，对正在发生的事件知彼知己，完全掌握情况。在日常拍照中，有人之所以喜欢摆出胜利或点赞的手势，也是为了摆脱被动局面而获得存在感。管理者在地图上画个圈或在真实的现场指向某个地方，则可显示自己的权力意志与势力范围。

不可一世的标准意味着照相时保持必要的傲视群雄的霸气。虽然不必鹰视狼顾，至少需要睥睨一切，扫除一切困难。面试或听课时之所以不建议双手交叉抱在胸前，也是因为这样的手势有目空一切、拒绝接受、不可一世的倾向。

有了趾高气扬、指点江山、不可一世的照片，到了考试现场，就将准考证放在显眼的地方。在考试过程中，如果进展顺利，一气呵成，一般不会看准考证。但是如果遭遇难题，无法突围，则很可能抬头看身份证或准考证。若身份证上的照片显得暮气沉沉，则几乎没有克服难题的希望。相反，若准考证上的照片显得趾高气扬、指点江山、不可一世，则考生很有可能受到这张照片的鼓舞，士气大振。也许，一张自信的照片可以让人意想不到地提高高考成绩。

最好提前15分钟左右进入考试现场，以便适应考场环境。不要"准时"进入考场，那样会制造紧张氛围。也不能太早进入考场，因为进入考场之后往往迅速激发迎接考试的热情。人的热情容易随时间的推移而减弱。人既可能一鼓作气，也可能再鼓而衰。

考试成绩优秀的人，清晰掌握知识结构，头脑清醒，内心强大。所谓内心强大，主要是强大的意志力和洋溢的自我效能感。但是，发达的意向性源自内心深处的自信甚至自负，非自我煽情或简单的自我励志。比如，没有必要对着镜子狂喊：我能行！我是最棒的！我要上北大！我要上清华！简单的励志口号对某些人可能是有效的，但不是对所有人都适用。

3. 不因为睡眠或饮食问题影响人的意向性。

大型考试之前，最好少吃辛辣的刺激类食品，也不必为大型考试而特别加餐。平时喜欢的食物就是最好的；每天适量补充鸡蛋、肉类；在主食之外，每天从土豆、大豆与红薯等粗粮中选择一种作为补充。

最好少喝碳酸软饮料，多喝凉白开水或者矿泉水。可以把畅饮800毫升左右（一瓶矿泉水）的凉白开水作为早晨起床的第一件大事。如果制度是许可的，最好带水进入考场。

建立稳定的如厕习惯：大便最好每天一次。两天一次大便则说明身体不适；三天或三天以上一次大便则说明饮食、睡眠、情绪出现了比较严重的问题。大便的最佳时机是在早晨起床、喝水、刷牙漱口之后，早餐之前；或者，在早晨起床、喝水、刷牙漱口、早餐之后，正式学习之前。如果没有养成早晨大便的习惯，还有一个次优的时机：在每天晚上睡觉之前大便。除此之外，皆为不良的时机。把大便的时机当作养成教育的一件大事，在大型考试之前尤其需要保持定时排便的习惯。

充足而舒适的睡眠可以提高考试成绩。睡眠不够，记忆力暂时崩溃，考试现场则无法回答熟悉的问题。除了重视睡觉的时间外，还需要关注睡觉的舒适度，评估被子、床单、枕头、室内空气的质量，最好仔细检查睡觉的房间，让室内空气处于适宜的流通状态。

大型考试之前不宜更换新的被子、床单、枕头，如果质量没有问题，旧的比新的更有利于睡眠。如果在异地考试，需要住宾馆，最好试住两天以上。

第八章　自学：如何提高孩子的学习成绩

十五岁前后的孩子需要逐步养成强大的自学习惯。学校的老师很重要，但老师终究只是指导者和辅助者，真正有效的学习靠的是学生本人的自学。知识只有经过学习者亲自摸索之后，才有可能构建整体结构。真正有效的学习是独立自学而不是上课认真听讲。上课认真听讲的学生可能暂时成绩不错，但有强大自学能力的学生才有可能保持终身学习的习惯而且长期立于不败之地。限于篇幅，这里主要讨论家长如何帮助孩子养成语文、数学和外语学习的自学习惯。

一、怎样引导孩子自学语文

语文是可学的，但几乎不可教。所谓语文是可学的，是说语文最好由学生自己整体阅读、整体感受，教师的作用只在于激起和引发学生自学的激情。所谓语文几乎不可教，是说语文教学一旦显示为对文章写作技巧的分析（段落大意、精彩词语、人物塑造、心理描写技巧等），就粗鲁地切断了文章的血脉。

但是在中国语文教学情境中，语文老师又不得不把大量的时间用于文章写作技巧的分析和练习上。可以选择的办法是：在课堂教学之外，家长引导孩子把重点转移到大量阅读、海量阅读，在阅读中心领神会、切己体察、虚心涵泳。家长的主要责任不在于讲解，而在于推动孩子自学。

具体而言，有效的语文学习往往显示为三个特点：一是课外自学。语文成绩出色的学生很少是因为"上课认真听讲",更多是因为课外大量阅读。二是整体学习。语文成绩出色的学生很少是因为课堂教学中的细读、精读,更多是因为课外"好读书,不求甚解"的整体泛读。三是有主见的学习。语文成绩出色的学生不仅是因为大量阅读,而且是因为大量写作,以写带读。这样看来,语文教学的变革需要处理三组关系:一是教师讲授和学生自学的关系;二是精读和泛读的关系;三是阅读与写作的关系。

(一)语文好的学生,得益于课外看书

有效的语文学习可能受教师的启发,比如教师的视野开阔、纵横捭阖、口若悬河、左右逢源对孩子的语文学习是有帮助的,但是真正有效的语文学习几乎没有例外地显示为学生的课外自学。语文教育专家吕叔湘说:"10年的时间,2700多课时,用来学本国语文,却是大多数不过关,岂非咄咄怪事!……少数语文水平较好的学生,你要问他的经验,异口同声说是得益于课外看书。"[1]

叶圣陶说:口耳授受本来是人与人交际的通常渠道之一,教师教学生也是人与人交际,"讲"当然是必要的。问题可能在如何看待讲和怎么讲。教师教任何功课(不限于语文),讲都是为了达到不讲。换个说法,教都是为了达到用不着教。[2]后来,叶圣陶提出一条"教育隐喻",他认为学生的学习就像小孩学走路,教师的教就是扶持小孩走路:"扶孩走路,虽小心扶持,而时时不忘放手也。我近来常以一语语人,凡为教,目的在达到不需要教。"要改变"教师滔滔讲说,学生默默聆受"的现象。"尝谓教师教各种学科,其最终目的在达到不复需教,而学生自为研索,自求解决。故教师之为教,不在全盘授与,而在相机诱导。"[3]

---

[1] 吕叔湘.语文教学中两个迫切问题 [N].人民日报,1978-03-16.
[2] 叶圣陶.大力研究语文教学,尽快改进语文教学 [J].中国语文,1978(2).
[3] 中央教育科学研究所.叶圣陶语文教育论集 [M].北京:教育科学出版社,1980:720-721.

（二）为何提倡"好读书，不求甚解"

有效的语文学习意味着让孩子大量泛读、少量精读。泛读显示为陶渊明式的"好读书，不求甚解"，精读则显示为反复分析某一篇课文的中心思想、段落大意、修辞手法。

在学校课堂上，语文老师引导学生展开某些精读虽然是必要的，但是有效的语文学习需要在精读之外大量地泛读。精读往往发生在课堂教学之内（一般每节课45分钟）；泛读往往发生在课堂教学之外，如家庭、图书馆。

家长没有必要像教师那样引导孩子反复分析某一篇课文的中心思想、段落大意、修辞手法。语文学习最好的方式是互文阅读，而不是一堂课反复地学习一篇课文。家长只需要推动孩子阅读优秀的文章，并以这篇文章为中心阅读相关或相似的文章。这些文章部分来自语文教师的推荐，家长也可以和孩子一起逛实体书店或网络书店，让孩子围绕某个主题或作家展开比较持久的主题阅读。

任何一篇美好的文章，都经不起反复分析；任何一部美好的电影，都经不起反复观看。如果想让学生厌恶某部电影，最好的办法是让学生一天或几天之内反复地观看这部电影；如果想让学生厌恶学语文，最好的方式是让学生在一节课或几节课上翻来覆去、循环往复地阅读同一篇课文。

互文阅读意味着让学生读一篇文章之后紧接着读别的文章，而不是反复阅读同一篇文章。如果让学生在一节课或几节课上反复阅读同一篇文章，这里面隐含的教育观念是"温故而知新"；如果让学生置身互文阅读之中，在不断阅读新文章的过程中悄悄地实现新文章和旧文章的相互解释、相互消解，这里面隐含的教育观念是"知新而温故"。"知新而温故"容易引发学生持久的学习热情；"温故而知新"则容易打击和破坏学生持久的学习热情。

精读教学的原理是范本教学或范文教学。范本教学或范文教学之所以是有效的，除了因为这个范本（或范文）是好文章，更重要的原因在于，它具有示例、范例的潜在效应，能够牵引相关或相似的文章，使相关或相似的文章在这里集合、聚集，并由此相互印证、相互应和。好的范本教学、范文教学意味着以精读带领泛读，由范例、范文的阅读牵引出相关、相似文章的阅读。这种范本阅读本来是有效的办法，但当孩子反复阅读这篇范文、范本而完全不阅读相关文章时，这种教学就被降格、衰退为孤本教学、独本教学。

因此，家长需要鼓励孩子阅读优秀的文章，并以这篇文章为中心继续阅读相关或相似的文章。

总之，为了更有效地发挥范本的效应，家长可以鼓励孩子通过"知新而温故"的方式展开阅读，最好保持大量的泛读和少量的精读。

（三）以写带读：从阅读教学到写作教学

有效的语文教学意味着不仅整体阅读，而且以写带读。以写带读的充分说法是"不写文章不读书"。就是说，如果不是因为要写文章，就不要看相关的书。如果说阅读主要显示为对他人观点的接受和欣赏，那么写作就是形成自己的思考，发出自己的声音。否则，书读得越多，越没头脑。读书就等于乞行、寄生。[1] "人总是胆小怕事，内疚于心；他再也没有刚强正直的气质了。" [2]

以写带读或不写文章不读书，首先意味着把写作训练作为语文学习的重点。无论精读还是泛读，最终都需要落实为写作。阅读虽然也有独立的价值，是日常人际交往的基本能力，但是从语文学习的整体结构来看，阅读只是写作的准备和条件，写作才是语文教学的核心目标。

就此而言，语文学习的唯一目标就是教会学生写作。因为阅读能力强的学生，不见得写作能力强，但是写作能力强的学生，往往有较强的阅读能力。中国古代的考试只考作文而不考阅读，这样的考试制度虽不见得完美，但也有合理性。因为一篇文章不仅能显示作者的写作能力，而且可以由此来考查作者的阅读理解能力，甚至可以由此显示作者有关政治经济的策问能力。

---

[1] [美] 爱默生. 自立 [M]. 蒲隆，译. 北京：法律出版社，2009：20.
[2] 同上：25-26。

休闲式的阅读当然是有意义的。培根认为休闲式的读书足以怡情，足以博彩，足以长才。但从阅读与写作的关系来看，如果不把阅读转换为写作资源，阅读太多不仅无益，反而会因为脑子里充塞了大量别人的观点而失去主见。

正因为如此，阅读虽然一直被人重视，但几乎所有的思想家都会在人生的某个时候忽然开始对阅读这件事展开批判。比如，叔本华认为过度阅读是让自己的脑袋成为别人的"跑马场""游戏场"："在阅读的时候，我们的脑袋也就成了别人思想的游戏场。……正如弹簧持续受到重压最终就会失去弹性，同样，我们的头脑会由于别人思想的持续侵入和压力而失去其弹性。正如太多的食物会搞坏我们的肠胃并因此损害了整个身体，同样，太多的精神食物会塞满和窒息我们的头脑。"[1]

为了不让自己的脑袋成为别人的"跑马场"，最好由过度强调阅读的语文学习转向以写带读或不写文章不读书的作文教学。按照以写带读或不写文章不读书的思路，学生最好在阅读好的作品的当下就促发自己的重写或仿写（模仿式的写作）能力。重写是借用原作品的思路和某些关键词，然后用自己的话复述这篇文章。仿写是借用某个作者或某篇文章的思路叙述某个新的对象或主题。重写相当于复述，而仿写已经接近自由创作。对于初学者来说，比较有效的作文学习最好从重写（复述）和仿写开始。

一旦进入重写和仿写的状态，学生就会自动沉浸于相关文章的阅读，而且在阅读的过程中带着期望。一旦在阅读中遇到精彩的句子，他就会"怦然心动""心潮澎湃"甚至"满怀感激""手舞足蹈"。反之，如果阅读不与写作发生任何关系，仅仅显示为没有目的的休闲阅读，这种阅读虽然有循序渐进的积累效果，但对写作没有太大的帮助。

而且，如果过度陷入阅读而丢失自己的思考和主题，这种阅读就会使初学者失之迷惘。写作就是由漫无目的的散漫阅读走向有主题的阅读和思考的。按照孟子的话说，以写带读就是"由博返约"。孔子讲"君子博学于文，

---

[1] [德] 叔本华. 叔本华美学随笔 [M]. 韦启昌，译. 上海：上海人民出版社，2004：16.

约之以礼"。孟子受之启示，也讲"博约"，但不是以"礼"来"约束"行为，而是以"思"来使所"学"返回"简约"。

以写带读或不写文章不读书是对日常阅读的改造和改进。低级的阅读是读者围着文章转；有意义的阅读是提问、批判与欣赏；高级的阅读不仅有提问、批判和欣赏，而且会"引用"和接受启发，开始自由创作，让文章围着读者转。低级的阅读是"六经注我"，高级的阅读即便不是"我注六经"，至少也显示为因阅读他人的作品而接受启发、推进写作。

严格来说，写作文的方法是不可教的，但是家长或老师仍然需要为孩子提供一些"快速作文"的写作技巧指导。比如，在教孩子写记叙文时，一般会强调记叙文的几个要素：时间、地点、人物、事件原因、经过和结果。但是，如果指望孩子快速地写一篇好的记叙文，最关键的要素并不在于时间、地点、人物、事件原因、经过和结果，因为孩子即使记住了这几个写作要素，他可能还是无法快速地写出一篇好文章。比较可取的办法是：不仅学会把一件事说清楚，而且尽快学会在一篇记叙文里同时列举两三件相关的事件。

一个事件不成规模，三个以上的事件同时呈现有可能因太多太杂而影响文章的秩序。而且，同时列举两三件相关的事件时，必须让这些事件有一定的顺序，最好使之呈现为递进关系或矛盾关系（或对立统一关系）。这样讲出来的故事才显得有层次且引人入胜、渐入佳境、扣人心弦。

教孩子学会同时讲两三个相关的事件是重要的方法之一，因为它不仅可以用来写记叙文，而且可以用来写议论文。议论文的关键要素是论点、论据和论证，实际上，它的关键依然是如何同时列举两三个证据（事件），并使这些证据（事件）保持递进或对立统一的关系。

在此基础上，如果能够使这些证据（事件）与文章开头的论点（假设）保持某种演绎的关系，或者从这些事件中归纳出适切的论点（出色的思考与写作时在看似无关系的几个事件之间建立内在的联系），那么这篇议论文就会显得证据丰富、论证有力。

写作有两个重要的要素或技能：一是有条理；二是有文采。可以考虑的原则是：第一，不要有文采，要有条理；第二，有条理比有文采更重要；第三，先有条理，再有文采。

作文最重要的是条理，而不是文采。虽然"要有条理，不要有文采"可以放在第一位，但是这种说法需要补充两点内容：一是"有条理比有文采更重要"；二是"先有条理，再有文采"。有条理和有文采虽然都重要，但相比之下，有条理比有文采更重要。这意味着：如果一篇作文有文采而没有条理，这篇作文是不合格的。

相反，如果一篇作文有条理而没有文采，它即使算不上优秀，至少是合格的。在训练这两个技能时，要有先后，先训练学生学会有条理地写作，有条理地讲事件、讲故事，再训练学生学会有文采地写作，有文采地讲事件、讲故事。

如果不是这样，语文老师大量地给学生讲什么是文采，如何让作文显得有修辞，那会使学生受惊吓，可能因此而恐惧作文。

为了训练学生有条理地写作文，最好让学生多写叙事作文（记叙文），少写议论文。尤其是小学和初中，要多写叙事文，甚至可以写比较简单的调查研究报告、历史研究报告、实验研究报告，少写空泛评论的议论文。

二、怎样引导孩子自学数学

有效的数学学习往往显示为三个特点：一是超前学习，不能亦步亦趋地跟在教师的后面学习数学，最好走在教师的前面自学，不让自己因偶然的开小差而掉队。二是整体学习，尽可能进入"高观点下的初等数学"的状态，站在整体的高度俯视具体的数学问题，经由超前学习之后再回头理解前面的简单数学。三是基于问题解决的学习，尽可能使数学显示为生活数学，建立稳定的数感，使生活问题数学化。

（一）适度超前学习：为什么数学学习特别容易掉队

学习任何一门学科都需要学生自学，但是在语文、数学、外语、历史、地理等各学科中，数学尤其需要自学、超前学习。原因在于，听讲式的学习总是容易走神、开小差。无论教师如何提醒学生上课认真听讲、不做小动作、要集中注意力、不要开小差，学生总会在某个时刻走神、想入非非。

在其他学科如语文或历史课堂上，学生偶尔走神、开小差之后尚可觉醒而继续听讲，只要继续听讲，就可以继续领会，回头是岸。甚至，若学生因意外事故中断一周或一个月的语文课，再次返回课堂时，依然可以顺利地延续学习。

但是，数学与其他学科的教学有显著差异。语文、历史等学科的教材及教学呈现为"苹果袋式"的结构，人们可以在任何时间、任何地点从苹果袋中取出一个苹果，但是数学的教材及教学呈现为台阶式的结构。学生如果因开小差或其他原因没有爬过第一级阶梯，他尚可能艰难地直接跳跃到第二级阶梯。可是，如果学生因开小差或其他原因没有爬过第一级和第二级阶梯，他就几乎不可能飞跃到第三级阶梯。因此，在数学课堂上，如果学生偶尔走神、开小差或因其他意外事故中断三五天的学习之后，再次回头听课时，他们就很难听懂数学老师的讲课。

既然学生在听课过程中走神、开小差是不可避免的，而数学的教材及教学呈现为台阶式结构，那么为了不让自己在数学学习中掉队，学生学习数学的唯一办法是自学并由此进入超前学习的状态。学生在自学数学的过程中虽然最初会感到困难，但是一旦以自学的方式对待数学，数学教材就被转化为类似语文、历史等学科的苹果袋式的结构：学生可以在任何时刻、任何地方开始自学，而且可以在暂停学习数学之后并不因暂时的中断而被淘汰出局，因为他们可以在任何时刻、任何地方重新自学。

这就是数学学习特别容易掉队的原因，也是数学学习特别需要自学和超前学习的原因，还是在各个学科的教学改革中数学反复提倡自学的原因。强调自学或自学辅导、主动学习、自主学习等教学改革或教学实验，往往始于数学。比如，中国科学院心理研究所卢仲衡主持的"自学辅导教学"实验、江苏邱学华主持的"尝试教学法"实验、上海顾泠沅主持的"尝试指导，效果回授"实验等，最初都发生在数学领域，积累经验之后才逐步向其他学科扩展。

在数学教学法研究领域，重视学生自学数学及主动学习的人也不在少数。比如，美国学者波利亚（G. Polya）在提出著名的"怎样解题表"时，同时强调"学生主动解题及教学生主动解题的教师必须有主动解题的经历"。波利亚所讨论的"怎样解题"是以学生主动学习为前提的，并将"主动学习"特别提出来，作为拟订的三条学习原则中的首要原则（另两条原则是"最佳动机原则"和"循序阶段原则"）。在他那里，主动学习意味着"学习任何东西的最佳途径是亲自独立地去发现它"[1]。

自学是让孩子在学校不掉队的唯一可靠的办法。孩子进入学校之后，无论老师多么优秀，他都无法控制孩子上课发呆、开小差。家长和老师的责任只在于：孩子发呆、开小差之后，如何让孩子跟上集体教学的进度，不掉队。认真听讲的孩子偶尔成绩好，认真自学的孩子永远成绩好。保守的教育重视复习，进步的教育重视预习。复习是儿童跟着老师走，预习是儿童自己往前走。

更重要的是，有劳动习惯的孩子会形成自学的习惯和路径。每一对父母都忐忑不安地期望孩子能够适应学校生活，能够在学校努力学习。可是，如果家长在孩子没有形成自食其力的生活习惯和自学习惯之前就贸然将其送进学校，孩子很可能无法适应学校生活。一个从来不知道自食其力为何物的孩子，突然被送进学校，就会处于成长的危险之中。

孩子处于成长的危险之中，并不意味着校长和教师没有尽到责任。无论教师多么优秀，在一个超过40人甚至60人的大班中，也很难照顾每一个具体的学生。虽然教师是教育孩子的专业人员，但也不能对他期望太高。虽然学校可以提出"为了每一个孩子的发展""不让一个孩子掉队"，但在超过40人甚至60人的大班中，教师只能集体教学，尽可能关注每一个孩子的学习进展，很难为每一个孩子提供因材施教的个别化教学。在这种齐步走的集体教学中，孩子开小差、掉队是正常的事情。成人总是警告孩子上课认真听讲、不做小动作，可是，任何人在听课、开会的过程中都容易走神、发呆。

---

[1] [美]波利亚.数学的发现（第一卷）[M].欧阳绛，译.北京：科学出版社，1982：499.

人不是机器，都有自己的想法，也会在听课、开会的过程中忽然偏离主题，想入非非。

教师可以牺牲休息时间，在课后为那些上课开小差跟不上进度的孩子提供额外的个别化教学或辅导。可是，如果班级里掉队的学生太多，即使教师愿意牺牲休息时间提供额外辅导，但个人的时间也是有限的。中国教育界一直在寻找解决集体教学中可能出现的学生掉队问题，所能找到的比较有效的办法是：让孩子学会自学。

让孩子学会自学当然是教师的责任。中国的课程改革提出让学生自主学习的口号，可是仅仅依靠教师和学校，真的能够让学生学会自主学习吗？

有些孩子在教师的引导下学会了自学，不过总是有孩子在学校一直没有找到自学的感觉。他们听不懂教师的课，可是必须坐在教室里一动不动。他们没有欢乐，也没有尊严，孤独地坐在教室里，除了和自己差不多水平的学生相互安慰外，没有人关注他们，也没有人尊重他们。他们有时渴望得到关注，故意捣乱，以便引起同学和老师的注意，于是成了学校里的"问题学生"或"坏学生"。

家长可以请求老师尽可能多地关注孩子，甚至为孩子在学校里受到的不公正待遇而愤怒，但又不得不考虑一个事实：教室里有那么多学生，教师不可能为所有学生提供具体的个别化教学。

为了不让孩子处于成长的危险之中，家长唯一能够做的是：亲自为孩子提供家庭教育，让他入学之前有足够的生活自理能力和自学能力，以便应对漫长的、充满不确定性的学校生活；在孩子入学之后，与学校教师组成教育同盟，共同承担教育孩子的责任。

如果孩子已经养成自食其力的生活习惯，他就可以顺势而下，由自食其力的生活习惯发展出自食其力的自学习惯。孩子一旦有了自学能力和自学习惯，他的学习就不成问题。

（二）整体学习：为什么提倡"高观点下的初等数学"

如果学生进入了自学数学和超前学习的状态，接下来需要考虑的问题是：如何有效地自学？有效的超前学习是如何发生的？

为了有效地自学，学生需要对所学对象保持必要的整体意识，需要具有德国数学家克莱因（F. Klein）倡导的"高观点下的初等数学"意识。

"高观点下的初等数学"可以有多种解释，它在这里至少意味着整体教学或整体学习。比如，当学生初次接触某个初级的数学知识时，可能会被这个新的陌生的数学知识挡住学习去路。但是，当学生对那些相关的数学知识有所了解，或者了解了这个新的陌生的数学知识的来龙去脉时，这个初级的数学知识可能就立刻显得简单而"小菜一碟"。

问题是，教材里的数学知识恰恰不那么适合学生自学，因为它往往是"掐头去尾烧中断"。这种教学模式在教师讲课中虽然不是问题（甚至因此显得"简便"），但在学生那里却可能静悄悄地留下无法理解的隐患。"当数学科学变得严谨的时候，它表现出一种不可忽视的人为的特性，它忘掉了自己的历史起源：只显示出问题是如何解决的；却没有显示出问题是如何提出的，以及为什么提出的。"[1]

因此，克莱因认为数学教师的职责是："应使学生了解数学并不是孤立的学问，而是一个有机的整体。"数学教师应具备较高的数学观点，只有观点高了，事物才能显得明了而简单；一个称职的教师应当掌握或了解数学各种概念、方法及其发展与完善的过程以及数学教育演化的经过。"有许多初等数学的现象只有在非初等的理论结构内才能深刻地理解。"[2]

遗憾的是，初等数学与高等数学之间一直有一条裂缝。这与数学教师的培训方式相关。"当他从中学升入大学时，已将中学数学忘记，而在几年后当他回到中学去做一名教师时，又将忘记大学数学，而将几年前断掉的线再接起来。"[3]

[1] [荷] 弗赖登塔尔. 作为教育任务的数学 [M]. 陈昌平，等，译. 上海：上海教育出版社，1995：136.

[2] 同上：105。

[3] 同上：108。

初等数学与高等数学的融合对中小学数学教师的知识结构是一个挑战。"高观点下的初等数学"或"融合"之后的初等数学意味着初等数学教师获得了某种数学历史意识和数学整体意识，它使孩子居高临下地观看和解释数学的来龙去脉成为可能，明了数学怎样从生活需要中产生，也明白了数学的某个片段是从哪里来和到哪里去的发展过程。这正是克莱因提倡"高观点下的初等数学"的良苦用心。

整体数学实际上道出了数学教育的一个秘密，就是将"掐头去尾烧中段"的教学还原为"有头有尾"的、"从何处来往何处去"的数学。

有数学历史感的教学意味着重视任何一个数学知识片段的来龙去脉，不像现行的教材那样，开篇就是纯数学的内容，很少说明这些内容哪里需要，从哪里来，向哪里发展等。有人认为，我们不能使学生得出"凡是数学中的问题、概念和方法等都是从实际中提出来"的结论，应该让他们了解既有从实际中来的，也有从数学本身发展提出的要求，而且后一方面更重要。例如，电子计算机的发明——从研究罗素悖论到建立数理逻辑再到图灵机——的过程便是一个既生动又有说服力的例子（简直是一个动听而美妙的故事）。[1]

（三）怎样解题：如何培养孩子的数感

如果说 20 世纪国际数学教育领域提出了什么关键的教学理念和教学策略的话，那么除了主动学习之外，问题解决便当仁不让地位居教学理念和教学策略的首要。

中国数学教育界似乎对问题解决并不陌生，因为我们一直鼓励学生勤勤恳恳地做数学习题，只是这种习题与问题解决虽一步之遥，却缺乏共同语言。

数学教学中的问题解决是让学生用数学的眼光打量真实的生活问题，并

---

[1] 刘坚.面向 21 世纪的中国数学教育展望（第二辑）[M].北京：北京师范大学出版社，1995：32.

用数学的眼光将生活问题数学化。数学化是一个过程，以往这个过程已经被编写数学教材的人"化"掉了，根本不需要学生亲自尝试，只需要解习题就好。

表面上看，数学教材并非完全剥夺了学生数学化的权利，因为它还是给学生提供了大量的解应用题的机会。本来应用题是一个不错的概念，它暗示了数学与生活之间的内在关系，暗示了数学能够解决生活问题，但问题在于，"应用常被误解为在一般理论中的参数代之以数值"[1]。

真正的数学化意味着让学生在将生活问题转化为数学问题、将数学问题转化为生活问题的转化与体验。真正的数学化意味着"再创造"和"再发现"。它们面临的问题还是在教材里："几乎所有的课程都是从已经组织好了的数学对象开始，因而学生就被剥夺了一次最好的机会，即是被剥夺了将一个非数学的题材形成为数学内容的'数学化'的机会；同时也就堵塞了纯数学与应用数学之间的一个重要联系。"[2]

遗憾的是，教室里常常充满大量的练习与作业，却很少看到学生兴致勃勃地解决问题的影子。更令人遗憾的是，教室里常常充满大量的基础知识与基本技能，却并不一定能够与某个问题或某个主题一脉相承。

可行的道路只有一条：让小学低年级的孩子学会将数学问题转化为生活问题，在生活中学习数学。小学高年级和中学生要逐步思考比较纯粹的数学问题，通过"学会解题"来建立自己的"数感"。

三、怎样引导孩子自学外语

外语学习中比较严重的问题是，家长和老师总是强迫学生背诵大量的单词和语法，以为学外语就是学习单词和语法。真正有效的外语学习需要一些

---

[1] [荷] 弗赖登塔尔. 作为教育任务的数学 [M]. 陈昌平，等，译. 上海：上海教育出版社，1995：109.

[2] 同上：115。

努力，但是如果只有努力，仅仅让孩子有意识地学外语，外语就很难学会，甚至可以说"外语是学不会的"。

（一）为什么说"外语是学不会的"

外语学习常见的问题是追求教学的有效性而让孩子"有意识学习"。这种有意识的学习常常因学习目标过于集中、学习目的过于明确而导致学习者语言学习的失败。真正有效的外语学习是将传统的有意识学习或显性学习改造为无意识学习或隐性学习，与之相关的策略是整体地听英语，并为孩子提供值得听的外语学习材料。

极端的有意识学习显示为心无旁骛、聚精会神、专心致志、正襟危坐的状态。与有意识学习相关的规范和训诫是："认真听讲，不做小动作""一心不能二用"。在外语学习过程中，有意识学习的确是需要的，但是从来没有哪个孩子在学习母语的时候是通过有意识学习的途径学会的。

任何孩子学习母语都是在听亲人或身边的他人说话、发布指令、讲故事的过程中无意学会的。孩子总是在不知不觉、隐隐约约、模模糊糊的隐性学习状态中学会母语的。这种隐性学习看似没有时间意识和任务意识，没有效率意识和标准意识，但正是在这种宽松、舒缓、缓慢、自由、率性的慢生活、慢教育中孩子掌握了母语。

外语学习需要考虑的途径，正是母语的隐性学习或无意识学习，它意味着家长和老师需要让孩子从直接学习转向附带学习。人生中的大量知识或技能往往在不经意的附带知觉、附带学习、耳濡目染、心领神会中悄悄地建立或实现，即有意栽花花不开，无心插柳柳成荫。

也就是说，外语学习虽然需要某种程度的集中注意力、不做小动作，但是真正有效的外语学习恰恰需要对学习的对象保持某种轻松的若有若无、若即若离的状态。这种若有若无、若即若离的游离状态让注意力既直接面对学习对象的焦点和中心，又将视野扩展到焦点和中心的外围、背景。

由此，学习对象就不再只是显示为一个孤零零的焦点，相反，它会扩展为某种有边缘的焦点。这个中心知识成为有某种"有背景的知识"，使所学的知识和技能成为整体学习而不是细节学习。如果不是这样，学习者仅仅关注了所学对象的焦点和中心，那么这种学习就可能中断或失败。就此而言，所谓附带学习或边缘学习，就是放弃传统意义上的聚精会神的细节学习或细节教育，再由细节学习转向整体学习、整体体验。

（二）听领先，容忍沉默期

美国外语教学法（第二语言习得）专家克拉申（S. Krashen）发现，外语学习之所以效率低下，主要原因在于家长和老师一直在采用"反教育"的方式。他认为外语学习的秘密其实很简单，隐含在孩子学母语的过程中。[1] 家长和老师只需要问：孩子是如何学会母语的，就会发现学习外语的秘密。

学习母语的第一个秘密是"听领先"，先大量地听、不说，然后逐步过渡到大量地听、少说。一年之后，逐步发展到"既听，又说"。几乎所有孩子都是按照"听领先"的方法来学会母语的。父母在教孩子学母语时总是允许有一个"沉默期"，这个沉默期往往有半年或一年，有的孩子的沉默期甚至是两年或三年。遗憾的是，家长和老师在教孩子学外语的时候，几乎都违反了这个语言学习的规律。

（三）整体学习：整体地听外语

学习母语的第二个秘密是，不仅"听领先"，而且"整体地听"。孩子还没学会单词的时候，母亲就会给他讲完整的句子；孩子还没学会讲完整的句子的时候，母亲就给他讲完整的故事。就在母亲给孩子讲完整的句子的过程中，孩子学会了单词；就在母亲给孩子讲完整的故事的过程中，孩子学会了句子。从来没有哪个母亲会用类似"杯，杯，杯子的杯"这样的办法来教孩

---

[1] Krashen, S. & Terrell, T. *The Natural Approach* [M].San Francisco: The Alemany Press,1983:32–33.

子学母语，只有在正规学习中老师才会用这样的方法来教学生。

如果期望孩子学会外语，家长或老师所要做的事情其实很简单：寻找适合孩子听的外语材料（刚开始最好是视听材料而不是纯粹的录音材料），让孩子在看外文电影或电视剧的过程中听纯正的外语。比如，家长可以让孩子在小学阶段看英文版的《迪士尼神奇英语》《成长的烦恼》等剧，让中学或大学阶段的孩子看英文版的《纸牌屋》《老友记》《白宫风云》《国务卿夫人》等电视剧。

虽然家长需要严格控制孩子看电视的时间，因为看电视太多会影响孩子的阅读习惯，但是为了让孩子学习英语，可以适当观看英语录像。孩子在观看英语电影或电视剧的过程中，既可以了解外国文化，也可以在不知不觉中习得外语。

遗憾的是，正规的外语教育由于过于强调教学效率和标准化考试，家长和老师要求学生轮番进行目标集中、专心致志的焦点学习和细节学习。在知识教育或技能指导中，教育者或指导者常常将完整的课文分为细节，条分缕析地讲授语法知识或修辞技巧。更糟糕的情形是，将这些细节确定为教学重点或难点，并引入烦琐的讲解、讨论，或者进入以填空、简答、多项选择、阅读理解等为内容的练习或考试中。

外语知识的细节一旦被不恰当地突出为焦点性的言传内容，就会使学生陷入怯场、焦虑的厌学、逃学状态。某些学生厌恶学习外语，并不意味着他们不愿意学习外语或没有学习外语的潜能。相反，几乎所有的怯场、厌学或逃学都源自教师和家长逼迫学生只关注某个知识的细节，而那原本是可以由整体学习附带掌握或顺便领会的。从这个角度来说，治疗怯场、厌学的有效办法是让学生由细节学习重新返回整体学习。

好的家长或老师就是要为孩子提供整体学习的条件，让学习者尽可能避免细节学习，不陷入细节学习的泥潭。整体学习需要由课本学习、讲授教学的外语教学返回学习的原点：从记单词和语法的外语学习返回整体地听外语的学习状态。这个转变也意味着从碎片化学习返回主题化学习，从枝节学习返回脉络学习，从焦点学习返回边缘学习，从对象学习返回背景学习。

有效的教学应该允许儿童默默体会、心领神会、得心应手，不过度关注孤立的单词和语法，不用考试题逼迫儿童说出来或写出来，尽可能让儿童不知不觉地学习。其实，好的教育就是保卫儿童的隐性学习。

第九章 自食其力：走向独立而自由的生活

孩子三岁前后，母亲的作用可能大于父亲。孩子九岁前后，父亲的作用可能大于母亲。孩子十五岁前后，父亲和母亲的作用都需要逐步淡化，由指导者逐步转换为孩子成长的守望者，尽可能让孩子亲自决策，自食其力。等到孩子十八岁前后，父母最好退居幕后，成为孩子成长的欣赏者和倾听者。

关于父亲的课程，家长可以从两部教育电影中领会家庭教育的"有所为"与"有所不为"。一部是美国电影《死亡诗社》，另一部是俄罗斯电影《回归》。《死亡诗社》提供了一个关于父亲的课程的失败案例。这部电影告诉我们，如果家长完全剥夺孩子的决策权，孩子的成长会出现什么严重的后果。《回归》则提供了一个令人感动的关于父亲的课程的教育案例。

一、把决策权还给孩子

十五岁前后的孩子往往会与父母发生一些或明或暗的冲突。比如，孩子会突然变得"不听话"。孩子不仅会遇到早恋问题，而且可能出现比较严重的自闭或网瘾等各种问题。此时，父母最好尽可能让孩子参与家庭决策，把决策的权利还给孩子，让孩子有所担当，在尝试错误中逐步调整自己的行为。

（一）孩子不听话怎么办

孩子十五岁前后进入青春期。每一个青春期的孩子都在等待时机反抗父母。那些对孩子的青春期没有做好准备的父母，会发现以前乖巧听话的孩子突然变得桀骜不驯。青春期的基本特征是摆脱控制，获得解放，争取独立和自由的权利。青春期的孩子因其身体和思维的逐渐强大而期待自由、解放和归属。他们原本是有归属的，以前归属于家庭，依恋父母。现在则希望有新的归属，即同伴、同伙。那是他们冲破禁忌的新世界。

在青春期的孩子看来，规矩是用来违反的，违规是青春期孩子加入同伙的投名状。青春期的孩子抽烟、喝酒与成人抽烟、喝酒有不同的原因。首先，不是因为抽烟喝酒本身能够带来快乐，而是因为它可以带来违规的快感。他们走路踢墙，并非因为墙惹他们不高兴，只是因为墙壁矗在那里，代表了某种社会存在和社会规范。青春期的孩子精力过剩，踢墙可以带来发泄的快感，更重要的是，带来违规的快感。

违规是独立、长大成人、"我说了算"或"你控制不了我"最鲜明的"证书"。他们感觉自己长时期被父母压迫，现在到了"起义"的时刻，喜欢唱各种粗鄙、酷炫的歌曲。唯一的例外是，他们一旦留意歌词本身，也会喜欢国歌。

青春期的孩子虽然在身体和思维上有所发展，但也伴随着压力。身体的变化给青春期的孩子带来骚动和困惑，思维的变化会让他们面对无法承受的责任和压力。每个处于青春期的孩子都在苦苦地挣扎，试探自己的身体，也试探周围的世界。他们渴望长大带来的自由感和独立感，但压力和困惑也让他们不愿长大。他们甚至愿意跟小孩子一起玩，重温他们儿时的经历和感觉。

青春期的孩子会犯各种错误，但父母不必过于担忧，因为这时他们所犯下的错误多半会自我痊愈。他们有强烈的尝试错误的冲动，也有强大的自我修复、自我纠错功能。

对于绝大多数人而言，青春期只是一个过渡期，成功过渡的标志是孩子欣然认可和遵守他们曾经反抗的社会规范，甚至未对那些违规行为表达反感和不满。青春期成功过渡的结果就是从青春期叛逆转向儿童社会化，从自由主义者转向保守主义者。

不过，也有人终其一生都处于青春期状态。如果某个处于青春期的孩子不反抗、不独立、不违规，人们会说："这是一个没长大的孩子。"但是，如果某个成人一直处于追求反抗、独立、违规的状态，人们也会断言："这是一个没长大的孩子。"顺利而成功地让孩子实现从青春叛逆期转向儿童社会化是家庭教育、学校教育和社会教育的共同责任。如果孩子无法顺利而成功地实现从青春叛逆期向儿童社会化的转化，他可能终其一生都处于追求反抗、独立、违规的状态，这会给社会和秩序带来不安定因素，给等级和权威带来挑衅，给学术和知识带来冲击。能够终其一生都保持青春期状态的人只是少数和另类。不过，我们总能发现身边就有这样的少数和另类。

出于安全考虑，家庭、学校和社会必须共谋大计，让孩子顺利而成功地实现从青春叛逆期向儿童社会化的转化。但社会也能够容忍那些终其一生都保持青春期状态的少数人或另类。真正自由的社会，会对那些桀骜不驯的少数和另类也保持必要的容忍。胡适因此而念兹在兹："容忍比自由更重要。"[1]

总体而言，十五岁前后既是孩子青春勃发的年龄，也是孩子精神断乳、渴望摆脱父母控制而走向独立的年龄。孩子渴望独立，但又不得不受父母的控制，于是他们开始伺机报复。如果他们的渴望得不到父母或老师的理解，无法从父母、老师、同伴那里获得足够的快乐感与成就感，他们就会以厌学、逃学、辍学的方式表达自己的愤怒、反叛和反抗。在父母还没有做好准备的时候，他们似乎一夜之间成为令父母头疼的、"不听话"的孩子。

当孩子渴望发出自己的声音，甚至不惜与父母对抗，这就提示：孩子的第三个关键年龄已经来临。这是成长的信号和标记。

十五岁前后的孩子反传统，反规范，争个性，追求与众不同。他们必须让自己的发型与衣服和父辈保持差异。如果父辈的发型和衣服是端正的，他们就必须让自己的显得奇形怪状。为了让自己的发型和衣服显得奇形怪状，他们愿意花费工夫，克服困难。这时候，父母也不要对孩子的叛逆耿耿于怀。如果孩子在十五岁的时候喜欢弗洛斯特的诗句"两条路在树林里分岔，

---

[1] 胡适.容忍与自由 [M]// 欧阳哲生.容忍比自由更重要（下）.北京：时事出版社，1999：775–780.

我选择走的人少的那一条"，不要担心，这很正常，几年之后他很可能选择走的人多的那一条。

这个年龄的孩子精力充沛，自以为是，目空一切，感觉自己无所不能，容易陷入微不足道、无能为力的无助状态。他们渴望发出声音却又处处受制于权威和长者，这使他们时常在内心深处上演反叛和对抗的演习，身上充满无产阶级革命的激情。

十五岁前后孩子的"不听话"并不是坏事。不听话是孩子的理性发展到了需要发出声音的时候，那是"理性的狡计"和"理性的捣乱"。如果孩子到了应该独立的年龄却依然对父母言听计从、完全没有主见，这倒是一个更令人头疼的问题。可是，如果十五岁前后孩子的不听话不是因为"理性的捣乱"而是因为不适应主流的学校生活或社会生活，这个孩子的成长就会出现严重的障碍。父母会为此感到痛苦，孩子也会陷入成长之痛。

十五岁前后是孩子心理和身体"变形"的关键期，是孩子"化蛹为蝶"的关键年龄。孩子身体的成长速度加快，身高和休重似乎在一夜之间突然增加、上涨。男孩和女孩在这个阶段一般会出现第二性征。男孩会越来越像男子汉，开始长出胡须和喉结；女孩会越来越像淑女，嗓音越来越圆润，皮肤越来越细嫩。急速的心理和生理上的变化也使这个年龄段的孩子既显得精力充沛又比较脆弱、情绪化，容易感觉疲劳，总觉得睡不够。

这是一个让父母感到紧张的阶段。可是，父母能够做的，除了谨慎地为孩子提供适合这个年龄特征的教育方式外，更重要的是提前做好准备。因为孩子在十五岁前后的发展状态，是他在三岁前和九岁前后两个关键年龄建立的成长习惯的延续。

在孩子三岁前后，他的身边最好有一个放任型父母，不要对孩子有太多的控制和干涉；在孩子九岁前后，他的身边最好有一个权威型父母，让孩子因权威而建立规则意识；在孩子十五岁前后，他的身边最好有一个民主型父母，让孩子独立思考、亲自决策。

父母最好经常邀请十五岁前后的孩子参与家庭决策、家务劳动，修补破损的玩具、家具或衣物，不要让孩子成为可有可无、冷漠的旁观者，让孩子在参与家庭决策中建立自信心和责任感，成为独立思考、有主见的人。有修养的父母是"伏尔泰主义者"："我不同意你的观点，但我誓死捍卫你说话的权利。"从孩子出生的那天就开始跟孩子讲道理，耐心地征求孩子的意见。不要指望打骂孩子就能够让其学会服从，杀鸡儆猴的结果是，猴子也学会了杀鸡。

有修养的父母总是在孩子很小的时候就已经开始耐心地倾听孩子的声音。如果家里购买家具，父母最好征求孩子的意见，不要以为孩子不懂事，孩子对世界一直有自己的看法，只是和"大人"的不一样而已。有修养的父母是那些习惯于征求孩子意见的人，这样的父母会让孩子觉得自己的意见很重要。如果孩子从小就有机会参与家庭计划和家庭决策的商谈，在家里发出自己的声音，他会积累经验，形成主见，将知道如何凭自己的头脑作出决策。

家庭教育中的管理形态，类似整个人类社会的管理形态：人类社会最初显示为原始共产主义社会，后来进入等级制和专制社会（奴隶社会、封建社会、资本主义社会），然后进入比较自由的民主社会。最好让三岁前后的孩子接受比较宽松的教育，让九岁前后的孩子接受比较严格的教育。严格教育的目的是让孩子形成习惯，学会自我管理、自我控制。管是为了不管。在孩子十五岁前后，父母最好转换角色，做孩子的朋友。有效的家庭教育是"先松后严，再松"。如果在孩子九岁前后纵容孩子，而在十五岁前后严格要求孩子，父母会遭到孩子的强力反抗。给青春期的孩子定规则是最危险的事情。

十五岁前后的孩子开始有了自己的秘密。秘密是人成长、成熟的标志。如果孩子有心事，不想告诉父母，父母最好不要逼迫孩子把秘密说出来。如果孩子生气，冲进他的房间，"砰"的一声把门关上，父母最好不要赶过去，逼着孩子把门打开，而要学会等待，给孩子时间和空间，让孩子自己冷静下来。

十五岁前后的孩子开始留意自己的身体变化，也开始观察身边同性与异性身体的变化。对自己和他人身体关注的结果，导致他们开始了所谓的"恋爱"。如果孩子暗恋某个异性，请不要嘲笑他，因为暗恋是世界上最美丽的爱情。人的一生充满各种"暗恋"。

（二）孩子内向、敏感或自闭怎么办

所谓的"问题儿童"很可能是正常儿童，只是因为某种世俗的偏见，给孩子贴上了特别的标签。而且，所谓的"问题儿童"，他们身上可能蕴含了人类最宝贵或最高贵的元素。

家庭教育往往倾向于鼓励孩子性格阳光、爽朗、活泼、欢乐。但是，总有一些孩子比较内向，不愿意过多与他人交往，更愿意一个人待在家里阅读或玩游戏。

阳光、爽朗固然是不错的性格倾向，但是内向性格的孩子依然有优势。其总体优势甚至与外向性格的孩子不相上下。至少，在心理学领域，内向与外向属于平分天下的两种类型之一。1913年，瑞士心理学家荣格提出人格类型的心理学分析框架。在慕尼黑国际精神分析会议上，他提出有关内向和外向的性格类型。1921年，他发表《心理类型》一书，对性格类型进行比较完整的解说。荣格的《心理类型》又在迈尔斯（Myers，I.）和她的母亲布里格斯（Briggs，K.）那里得到延续和改造，后者将荣格心理类型理论发展成为MBTI。

布里格斯与荣格的分类框架有一些明显的差异，但其基础依然是荣格内向与外向（E–I）的区分理论。[1]内向和外向的差异转化为完全不同的生活态度。外向型的人希望对环境采取积极行动，增加其影响力。内向型的人专注于内在、主观的状态，并尽可能长时间地保持这种专注。外向的人热衷于社交，内向的人倾向于独处。

可见，心理学研究领域并不认为内向或敏感的儿童是"问题儿童"。相反，有大量的工作恰恰需要具有内向或敏感气质的人才能承担和完成。比

---

[1] 详见：Myers, I., Mccaulley, M., Quenk, N. Hammer A. *Mbti Manual : A Guide to the Development and Use of the Myers-Briggs Type Indicator*[M]. Counsuling Psychologists Press. Inc. 1998:31.

如，内向或敏感的父母或教师更善于关注孩子的内心世界，更能洞察孩子的情感秘密。

内向或敏感的问题也许还没有那么严重，并不能引起家长的过度焦虑，比较严重和引发焦虑的是自闭儿童。

1943 年，美国精神科医生肯纳（Kanner）第一次对自闭症进行描述，并为之命名。半个多世纪以来，人们仍然无法确定自闭症的真正原因。有人认为自闭症由生物因素引起，有人认为是父母教养方式不当。

自闭症也称孤独症，一般被视为发育障碍，主要包括语言发展障碍、社会交往障碍、兴趣范围狭窄等。自闭症倾向一般是在婴儿期或幼儿早期出现，通常在三岁前就能明显地观察到自闭症儿童具有的行为特点，如较少或不会与人有目光或身体接触，语言发育缓慢，说话含糊不清，难以理解抽象词语，难以用手势、表情和姿势等表达自己的思想；难以融入社会生活，通常一个人沉默不语或自娱自乐；行为呆板，常出现刻板动作，兴趣范围狭窄、单一。

这些症状成为美国精神病协会编写《精神疾患的分类与诊断》和国际疾病分类的自闭症儿童诊断标准的基础。为了帮助自闭症儿童发展生活自理能力，更好地融入社会，一些医生、教师或心理学研究者尝试了各种方法。这些方法总体上显示为两种类型：一是治疗模式；二是教育模式。[1]

以往，人们通常从治疗的角度推进自闭症儿童的社会化，普遍认为自闭症本身是一种身体缺陷和疾病，结构化教育模式是对治疗模式的批判和调整。

不过，无论是治疗模式还是结构化教育模式，其共同的思路依然是将自闭儿童视为有待改善的"问题儿童"甚至是"有病儿童"。可考虑的新思路是：自闭儿童需要被视为具有独特人格特质的儿童，他们只是平凡人中的少数的特殊群体。为自闭症儿童提供教育，不等于治疗、治病，因为自闭症本身也许并非某种疾病。

---

[1] 冯嘉慧，刘良华. 自闭儿童：治疗还是教育 [J]. 当代教育与文化，2013（1）.

自闭症儿童只是在认知、能力上有别于大部分人，他们可能具有比常人更大的发展潜能。甚至有学者认为，没有必要让自闭症者学习良好社交技巧、努力读书，也没有必要让他们接受治疗。只要自闭症儿童不严重干扰他人，有独立生活的能力，他就有自由学习或自由生活的权利。自闭儿童的教育并不一定要让其成为所谓的正常儿童，他们也并不一定要过世俗的社交生活。他们需要的是人们包容他们的社交障碍，减少他们的社交压力，尊重他们特有的生活方式，培养他们的长处并使其成为谋生的技能。

也就是说，即便为自闭儿童提供教育，推动自闭儿童社会化，他们需要的首先也并非改变或改善，而是被理解和被敬畏。他们的独特之处尚待发现，特长尚待发挥，而一旦被发觉和维护，同样能够利用自己的技能和特长展开独特的生活，实现生命的价值。

更重要的是，轻度的自闭不仅不是某种疾病，反而是人类美好生活的基本需要。在以躁动不安、心浮气躁为特征的现代社会，适度的自闭即便不是拯救现代性的唯一出路，至少也是一个悬隔杂念、维护宁静的重要方案。如果说人最宝贵的元素是纯粹的"赤子之心"，那么为了保护这片赤子之心，重新恢复人的直觉和相关智慧，教育需要使受教育者学会与喧闹的世界保持适度的距离，用括弧将世俗的世界悬隔，以宁静的修炼生长新的智慧。真正的智慧诞生于类似自闭状态的宁静之中，诞生于空灵的直觉、直观和顿悟，并不来自循序渐进的积累，更不来自热火朝天、斤斤计较的交际。[1]

（三）关于网瘾的权利

那么多人（主要是儿童）喜欢网络游戏，沉迷于网络游戏，依赖网络，他们因此被称为网瘾儿童、网瘾少年。

如果孩子过于依赖网络游戏，可能会耽误正常的生活和学习。真正有游戏精神的游戏不是现代网络游戏，而是躲猫猫、跳绳、射击、骑马、摔跤、

---

[1] 有关自闭症患者"美好生活"的详细讨论，参见：刘良华. 教育现象学的观念 [J]. 教育研究，2011（5）.

格斗、打球甚至玩桥牌等古典游戏。家长可以让孩子以古典的方式展开学习生活和游戏生活，但没有必要因此而鄙视网瘾儿童。相反，那些有网瘾的儿童才找到了值得全身心投入的、愿意长期坚持的生活主题。最幸福的人，是那些有游戏精神的人。如果家长没有引导孩子以古典的方式展开学习生活或游戏生活，那么孩子拥有网络游戏的生活，也好过那种没有任何游戏感的、乏味的生活。

家长和老师之所以厌恶有网瘾的儿童，只是因为网瘾会影响孩子的考试成绩，可能导致孩子废寝忘食而影响身体发育。如果以儿童的幸福生活为唯一标准，有网瘾的儿童并不像人们所想象的那样悲惨。相反，那些既没有网瘾又没有别的游戏生活的儿童，他们的童年才是真正的悲惨世界。

长久地生活在现实中的成人，看到儿童对虚拟的、虚幻的、虚构的网络游戏那么感兴趣，他们觉得不可思议、幼稚、低能。但是，所谓游戏，所谓幸福生活，恰恰就在于这些人是否有能力过一种可能的生活。那些从来不知可能、虚构的生活为何物的人，是不幸的人。这些不幸的人一旦以自己的现实感为评判幸福的唯一标准，就会指责、鄙视那些有游戏感的儿童。

儿童之所以对网络游戏感兴趣，恰恰是因为他们懂得虚拟的生活及类似的想象的生活、观念的生活、可能的生活的魅力和意义。那些有网瘾的儿童，是正在体验可能的生活、观念的生活、想象的生活的人。

正因为可能的生活、观念的生活、想象的生活对人类的幸福生活如此重要，所以成人并没有资格教育儿童，相反需要向儿童学习。就此而言，"儿童乃是成人之父"[1]。

每个人都需要体验类似"网瘾"的生活。人们可以喜欢现实生活中美好的事物，包括美好的身体和美好的精神，也可以喜欢非现实的观念的生活，如一本书、一部电影。在那些没有阅读兴趣的人看来，长期沉溺于书本，也

---

[1] 有关儿童是成人之父的详细解释，详见：[意] 蒙台梭利. 童年的秘密 [M]. 北京：中国人民大学出版社，2008：72.

许是一种疾病，正如他们把长期沉溺于网络游戏视为一种疾病。殊不知，只有那些有所谓网瘾的少年，才能真正理解网络游戏的欢乐。

因此，没有必要简单地将网瘾视为洪水猛兽。对网瘾少年唯一的建议是：既享受纯粹娱乐的、消费的网络游戏，也需要适当考虑自食其力的责任。网络游戏是纯粹的娱乐，是消费性而非生产性的，它不能带来世俗的、功利的产品并以此养活自己。

如果有网瘾的青少年能在网络游戏中自食其力、养家糊口，那样的网络游戏没有什么不好。如果自己不能克制对网络游戏的依赖，可采取一些可行的办法，暂时离开网络游戏。人们可以把网络游戏看作一种危险或冒险，但不必鄙视它。大量的幸福生活，恰恰来自某种危险和冒险。

对于那些所谓网瘾少年、网瘾儿童，可以从以下方面考虑：

第一，不鄙视网瘾，不把网瘾视为疾病，但最好在网络游戏之外开发其他的游戏，不必把自己的幸福生活限定在一种游戏上。人类已经开发了许多游戏，还有大量的游戏等待开发，网络游戏只是游戏之一，不是全部。为了更幸福、更欢乐，人类需要寻找更多、更新的游戏。

第二，每个人都可以选择自己的生活，但无论选择何种，都必须守住一个底线：成为自食其力的人。只要人能够自食其力，有人格、有尊严，他就有权利不被任何他人指责。

第三，为了自食其力地生活，青少年需要适当节制网络游戏。即便不是考试成绩第一名，至少需要做到成绩良好。如果做不到成绩良好，就需要暂停网络游戏。

如果孩子能够完成基本的学业任务和家庭劳动，他就有玩游戏的权利。如果不能自食其力而只是沉迷于网络游戏，这才是可耻的。

总体而言，如果家长能够在孩子三岁前后就开始带领他过远离电视、远离网络的生活，让孩子过古典、自然的生活，那么孩子永远不会沉迷网络游戏。如果十五岁前后的孩子已经有了比较严重的网瘾，只能让他将自食其力及不严重影响学习生活作为底线。如果孩子越过底线，就只能接受自然后果惩罚而不能由家长提供人为的惩罚。人为的惩罚或会激发人为的反抗。

二、鼓励孩子建立自己的学科偏好和业余爱好

人的成就和幸福虽然受专业知识和专业技能的影响，但主要取决于工作者对工作是否有持久的兴趣和热情，是否有怡然自得的业余爱好和温暖舒适的人际关系。为了让孩子拥有足够的成功体验和幸福生活，父母最好让十五岁前后的孩子逐步建立自己的学科偏好、业余爱好（游戏精神）和人际交往兴趣。

（一）学科偏好：适度偏科的好处

家长不必过于担心孩子偏科或片面发展。相反，如果孩子对每门学科都平均用力，无所谓喜欢或者不喜欢，对所有学科都一视同仁，这倒是一个问题。如果孩子对语文、数学、外语、政治、历史、地理、物理、化学、生物等所有学科都感兴趣，这当然是一个不错的状态。即便如此，家长也可以有意识地引导孩子逐步在某个学科的学习上花更多的时间和精力。

孩子进入小学之后，可以引导他先多花时间学习外语和数学。原因是，这两门学科比较容易掉队，而且一旦掉队就很难跟上学习进度。当孩子不再对外语学习和数学学习感到焦虑之后，父母可以放手让孩子发展自己最喜欢的某个学科。

孩子喜欢或不喜欢某个学科，不是天生的，而是后天建构的。孩子偏爱某个玩具、游戏或学科肯定受遗传因素的影响。比如，有些男孩从小就偏爱机械玩具，有些女孩从小就偏爱粉红色的芭比娃娃。但是，教育的作用和价值在于：父母、教师或同伴可以通过强化的方式影响学生对某个学科的兴趣，甚至由此推进孩子将来选择相应的专业和职业。

（二）让孩子坚守自己的艺术特长、体育特长

十五岁前后的孩子最好保持和延续九岁前后甚至三岁前后就开始学习的某些艺术特长或体育特长。一般而言，十五岁前后的孩子很难重新开始学习某项艺术技能或体育技能，因为这个阶段不仅错过了学习艺术技能或体育技

能的敏感期，而且可能因为忙于中学的知识学习无暇顾及业余爱好。

比较可行的办法是：从自己已经具备的某项艺术技能和体育技能中选择几个项目，尽可能不让自己的业余爱好处于荒废状态。从日常生活和日常交往的需要来看，每个孩子最好学会唱三首以上的歌曲，熟练掌握某个器乐技能和舞蹈动作，熟练掌握某个球类运动。歌曲、器乐、舞蹈可以增进同伴之间的社会交往。除此之外，最好保持长跑或游泳的习惯。

可以鼓励十五岁前后的孩子在琴棋书画等方面选择一个自己喜欢的项目，并尽可能超越入门的水平。与唱歌、器乐、跳舞、打球一样，琴棋书画既适合独处幽居之时，亦适用于高谈阔论之时和处世判事之际。相比之下，琴棋书画比唱歌跳舞更适合独处幽居之时，更有助于自得其乐，怡然独处（下棋亦可独自琢磨、自我对弈）。

在所有球类运动中，乒乓球或羽毛球可作为首选。乒乓球是中国的国球，具有某种象征意义，因其普及而便于呼朋引伴。羽毛球之所以也可以作为首选，是因为它与乒乓球一样侧重身体的灵巧而不挑剔人的体力。这两种"小球"的另一个优势是：打球时比较安全，不容易受伤。因此，乒乓球和羽毛球既适合男孩，也适合女孩。

打乒乓球、羽毛球或网球侧重身体的灵巧性且有不容易受伤的优势，但这也恰恰隐含了它的弱势：安全有余，冒险不足。或者说，灵巧性有余，对抗性不足。因此，如果孩子有足够的体力，家长最好鼓励孩子选择篮球、足球、排球或棒球，让孩子在对抗性和冒险性的奔跑跳跃与合理冲撞中发展身体的野性和阳刚气。

如果说乒乓球、羽毛球、网球等"小球"侧重个人化的身体锻炼，篮球、足球或橄榄球则隐含了某种军事训练的意向。因此，有关乒乓球、羽毛球、网球等"小球"的专业术语多为"漂亮""机灵""心平气和""沉着冷静"等文学词语。而篮球、足球或橄榄球的专业术语往往为"前锋""后卫""门将""射门"（shoot）等具有攻击性和冒险性的军事术语，运动员所穿的球衣被称为"战袍"，教练被称为"主帅"。这样看来，篮球、足球或橄榄球等体育运动一直在承担军事教育的大任。

不过，这并不意味着家长必须让孩子在体育运动中刻意追求"尚武"精神或"军事训练"。在鼓励孩子运动时，家长最好让孩子保持业余爱好的状态，不必走专业运动员的道路。

游戏的基本特征是依赖性或成瘾性及由此带来的沉醉感。因此，凡是具有依赖性或成瘾性的活动都可以称为游戏。游戏不仅会给个人的日常生活带来欢乐和幸福，也会给自己的工作带来类似加油、输血的动力与润滑效果。

艺术特长及运动特长其实是孩子的业余爱好与游戏生活。有趣的人通常都具有游戏精神。缺乏游戏精神，必然导致生活与交往的无趣。有游戏精神的人即便算不上成功人士，至少拥有幸福人生。反之，即便某个人拥有足够的物资或金钱，倘若缺乏基本的游戏精神，也只是精神的侏儒和灵魂的贫困户。美国电影《公民凯恩》里的凯恩貌似富裕、发达、成功，拥有庞大的金钱帝国，但是终其一生，他依然只是一个可怜的孤儿。在临终之前，他念念不忘的不是他的财富，而是童年时被父母剥夺的滑板游戏。[1]

对于儿童来说，比较健康而美好的游戏不是现代网络游戏，而是打牌、魔术、猜谜、捉迷藏、词语接龙、下棋、猫躲躲等古典游戏。家长最好引导孩子以古典的方式展开游戏生活。古典的游戏都是真实的、生活化的、自然的游戏。人类在长期的发展过程中开发了丰富多样的生活化游戏，也有大量的、美好的、生活化的游戏等待开发。

比较日常的是扑克游戏。扑克既是"打牌"的工具，也可以作为魔术的道具。借用培根的说法，扑克"足以怡情，足以傅彩，足以长才"。

比较"另类的游戏"是网络游戏。科学技术在征服和改造自然的同时，也造就了对自然环境的污染，同样，其在征服和改造游戏的同时也导致了对游戏生态的破坏。网络游戏对游戏生态最大的破坏性就在于：它借助声光电等科技元素造成的视觉、听觉和心理效果使人的征服感、操控感和暴力倾向等情感欲望被过度激发和开发出来，使得人对其他美好的游戏甚至对真实生

---

[1] 有关电影《公民凯恩》的详细解读，详见：刘良华. 叙事教育学 [M]. 上海：华东师范大学出版社，2011.

活失去基本的兴趣和耐心。

因此，不要过早地让孩子拥有手机、iPad。但是，如果十五岁前后的孩子已经有了比较严重的网瘾，就只能就事论事，尽可能让孩子守住不影响健康生活和正常学业的底线，不必简单地妖魔化网络游戏。可以适度考虑"先礼后兵"的思路：尽可能跟孩子商谈，制定家庭规则。如果孩子屡教不改，则可考虑断粮断电的"自然后果惩罚"。

比较正常的反制措施是：如果孩子因为网瘾而严重影响正常的学习生活，或者因为网瘾而废寝忘食导致身体异常瘦弱或臃肿，就应该暂时终止孩子的生活资源，让孩子接受自然后果惩罚。这需要孩子有矫正的勇气，也需要家长有克服困难的无所畏惧的气魄。有严重网瘾的少年需要的不是教育，而是治疗。

（三）让孩子在活动中展示青春活力

活力是生命力旺盛的显著标志。"活力洋溢之处，便是充满生之乐趣所在，而勿需具备任何特别愉快的情境。活力能增加快乐，减少痛苦。……活力可增强人们对外部世界的兴趣，此外也可增强人们从事艰巨工作的力量。不仅如此，它更能防止人们陷入嫉妒，这是它能使人们的个人生活变得愉快之故。"[1]

父母最好引导孩子通过运动和劳动成为有活力、充满激情的人。活力与激情是对理性的重要补充。单是理智或单是激情，都不能成就伟大事业。没有激情，任何伟业都不可能善始；没有理智，任何壮举都不能善终。[2] 一个生机勃勃、兴趣广泛的人，可以战胜一切不幸。[3] 父母最好考虑梁启超、陈独秀等人设计的"新青年"形象。新青年的反面典型是："手无缚鸡之力，心无一夫之雄，白面纤腰，妩媚若处子，畏寒怯热，柔弱若病夫。"[4]

---

[1] [英] 罗素. 教育与美好生活 [M]. 杨汉麟，译. 石家庄：河北人民出版社，1999：31.

[2] 吴稼祥. 一杯沧海 [M]. 北京：朝华出版社，2005：61.

[3] 罗素将活力列为四大美好品格之一，其他三个品格是：智慧、敏感、勇气。

[4] 梁启超. 新民说 [M]. 郑州：中州古籍出版社，1998：191.

有活力的孩子总是拥有更多的积极思维而少抱怨的心智模式。父母最好从小引导孩子明白，不必把所有事情搞成决然的对立，最好把做学问和做人分开。做学问需要骄傲，骄傲使人进步，谦虚使人落后；但做人需要谦虚，谦虚使人进步，骄傲使人落后。做学问需要怀疑，于无疑处有疑，以怀疑的态度对待一切结论；但做人需要信任，用人不疑，疑人不用。做学问需要独处，唯孤独者、沉思者有成就；做人则需要群居，唯交往者、交际者受人欢迎。

十五岁前后的孩子需要通过活动来展示自己的青春活力。活动是教育的故乡。教育原本从活动中产生，其最初形态就是活动、生活，后来印刷书和学校出现，才逐步演化为某种语言说教。语言说教是一种进步，但也隐藏了危险和危机。当教育出现危险和危机时，可以尝试回到教育的元点，用活动的方式来解决问题。

如果孩子不愿意跟你谈心事，而你认为孩子的心事太重，需要释放出来，那么最好带着孩子一起做家务或者出去运动。在做家务、运动的过程中，或者运动后回家的路上，孩子可能会把他的心事说出来。不要在孩子情绪低落、心跳缓慢时提出建议。孩子在睡懒觉或竞赛失败之后，可能会拒绝任何美好的建议。如果给孩子提建议，父母最好先让孩子情绪高涨、心跳加速。人在心跳加快的时刻，往往更愿意接受他人的建议。

活动既可以是劳动，也可以是运动。如果没有体力劳动，就必须有足够的运动，让孩子至少喜爱一项竞技型的运动技能。

古代的教育发端于劳动，现代的教育失去了劳动的空间，运动取而代之。运动的真正目的在于增进健康，增长力量，让人有强健的行动能力与冒险精神。它让人不至于成为思想的巨人、行动的懦夫，而是让人自信满满、雷厉风行、决策果断、敢于冒险，不沉溺于幻想、不优柔寡断。所谓"受教育"，就是使身体趋向强健、强悍甚至野蛮，使性格或人格趋向健全、勇猛、锐利、热烈。出于安全考虑，现代学校教育很难看到精力充盈、意志发达、喜气洋洋、激情澎湃、势不可当、豪侠仗义、浑身是胆、不知疲倦、不愿意停止与妥协的生命狂欢状态，这些精神状态只能从家庭教育开始。

最好让孩子在家庭中接受足够多的体育锻炼，增进其身体的力量感和优美感。力量和优美的经典案例是古希腊人的"投掷铅球"和"投掷标枪"图案。健康状态是雷厉风行的生活习惯、高高扬起铁锤砸碎石块的劳作状态。身体强健不只是四肢发达，更让人神采飞扬、活力四射、勇气充沛、敢于冒险、意志坚定，虽承受困顿与锤炼而笑声朗朗。家庭教育不能只关注学生的脑袋，而贬低、压制、压迫脑袋以下的部分。

除了劳动和运动，最好让孩子建立健康的饮食习惯。没有食欲的人，食欲不强烈的人，是不幸的。洛克曾说："不能从粗糙的木桶中饮到甘露的人是不幸的。"中国民间的经验是："要想小儿安，三分饥和寒。"

对于已经解决温饱问题的家庭来说，最大的问题是孩子缺乏饥饿感。保护身体的基本策略是让孩子在饥饿状态下进食，而不是因吃零食而整天处于饱和状态。遗憾的是，中国人太重视温饱问题，中国的父母总是担心孩子忍饥受寒。因此，康德建议："不要让孩子穿得太暖，因为他们的血液温度本来就比成年人的高很多。孩子的血液温度能达到华氏110度，而成年人只有96度。成年人感到适宜的温度，却可能使孩子窒息。一般说来，凉爽的生活环境能使人强壮，而且穿得、盖得过暖，或是习惯于过热的饮料，对成年人来说也是不好的。因此孩子应该睡比较凉而硬的床，洗冷水澡也有好处。另外，不要为了激起孩子的食欲而使用刺激性的调料，相反，食欲应该是活动和劳动的结果。人们不能让孩子养成依赖某些事物的习惯，即使是好习惯，也不要都通过人为方式造成。尚处在生蛮状态的民族完全不知道襁褓这东西。"[1]

三、高考志愿填报与职业生涯规划

十五岁前后孩子的自食其力最终指向高考志愿填报和职业生涯规划。父母可以引导孩子讨论他们的高考志愿和职业规划。高考志愿和职业规划并不

---

[1] [德]康德.论教育学[M].赵鹏，何兆武，译.上海：上海人民出版社，2005：18.

要求孩子对自己未来将从事的专业和职业有详细而稳定的设计，因为人生和社会充满大量不确定性因素，绝对的专业和职业规划既不可能，也无必要。高考志愿和职业规划的主要目标是培养孩子的自主规划意识。

（一）评估自己的职业倾向 [1]

在考虑自己的职业倾向时，可以运用相关的职业类型倾向测试量表。目前看来，影响较大的职业倾向测试是霍兰德（J. Holland）的"六角形"模型。霍兰德分类模式的核心是 RIASEC 职业类型理论。他认为，世界上可能有六类职业，每个人都可能适合某类职业。[2] "RIASEC"六个字母分别代表六种职业和人格类型：现实型（realistic type）、研究型（investigative type）、艺术型（artistic type）、社会型（social type）、管理型（enterprising type）、常规型（conventional type）。这六种职业类型的首字母按照固定的顺序排列，形成六角形 RIASEC 模型（见下图）。

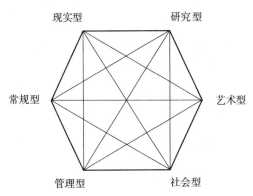

现实型　　　　研究型

常规型　　　　　　　艺术型

管理型　　　　社会型

霍兰德 RIASEC 六角形分类模式 [3]

---

[1] 冯嘉慧博士参与了"评估自己的职业倾向"内容的撰写，谨此感谢。

[2] Holland, J. L. The Present Status of A Theory of Vocational Choice[A]. Whiteley, J. M. & Resnikoff, A. Perspectives On Vocational Development[C]. Washington, D.C.: American Personnel and Guidance Association, 1972: 35–59.

[3] 详见：Holland, J. L. Making Vocational Choices：*A Theory of Vocational Personalities and Work Environments* [M]. Odessa, Fl: Psychologyical Assessment Resources, Inc.1997:35.

六种人格类型有彼此交叉的地方，也具有相对的独立性（见下表）。[1]

霍兰德生涯类型

人格类型	人格特点
现实型	循规蹈矩，教条主义，真心实意，脚踏实地，不屈不挠 物质主义，自然主义，谨小慎微，意志坚定，实用主义 现实主义，保守主义，精力充沛，谦虚谨慎，缺乏灵气
研究型	分析的，谨慎的，复杂的，批判的 独立的，智慧的，内省的，悲观的 激进的，理性的，保守的，独处的
艺术型	杂乱，无条理，情绪化，好表现，理想主义 有想象力，不切实际，冲动，独立，善于反思 凭直觉，叛逆，开放，原创，敏感
社会型	令人愉快，合作，同情，友好，爽朗大方 乐于助人，理想主义，友善，耐心，能言善辩 有责任心，好社交，机智，善解人意，温暖
管理型	进取，冒险，野心勃勃，坚定，霸道 精力充沛，热情，寻求刺激，好出风头，外向 坚强，乐观，足智多谋，自信，善于交际
常规型	谨慎，守规矩，认真，教条，有效率 顽固，拘谨，有条理，服从，有序 坚韧，实际，周密，节约，缺乏想象力

RIASEC 按顺序排列在六角形周围，其中某些类型具有相同或相近的需求与气质。例如，常规型与现实型、管理型有相同的环境需求，而与艺术型的环境需求有明显差异。研究型更接近现实型、艺术型，而离管理型较远。[2]

---

[1] 详见：Holland, J. L, Making Vocational Choices: *A Theory of Vocational Personalities and Work Environments* [M]. Odessa, Fl: Psychologyical Assessment Resources, Inc.1997:17–40.
[2] 详见：Gottfredson, G. D., Johnstun, M. L. John Holland'S Contributions: A Theory–Ridden Approach to Career Assistance[J]. *Career Development Quarterly*, 2009, 58（2）：99–107.

霍兰德 RIASEC 职业类型理论的独特意义在于，它提供了六种既相互区别又彼此关联的职业偏好及人格类型。RIASEC 六种类型呈现为三种关系：一是相邻或相近、相似关系；二是相隔或陌生关系；三是相对或排斥关系。

第一，相邻或相近、相似关系。比如，R（现实型）与 I（研究型）接近，I（研究型）与 A（艺术型）接近，A（艺术型）与 S（社会型）接近，S（社会型）与 E（管理型）接近，E（管理型）与 C（常规型）接近，C（常规型）与 R（现实型）接近。相邻或相近、相似关系对人职业类型匹配的意义在于：如果 R 类人格匹配了 R 类职业，这是最幸福的。这类人身上可能会产生一种现象：自己的业余爱好正好就是自己的专业工作，这是比较满意、顺意的人职匹配。万一不能做到完美的匹配，相邻或相近的匹配也是比较顺心的。比如 R 类人格承担 I 类职业，或者 I 类人格承担 A 类职业，依此类推。

第二，相隔或陌生关系。在 RIASEC 中，R（现实型）与 A（艺术型）距离较远，两者的性格彼此有陌生感。I（研究型）与 S（社会型）距离较远，很少有共同语言。依此类推。相隔或陌生关系对人职业类型匹配的意义在于：如果 R 类人格匹配了 A 类职业，会感到比较痛苦，不仅自己职业不顺心，也可能与周围的同事没有共同语言。

第三，相对或排斥关系。在 RIASEC 中，有三对敌对或排斥关系。一是 R（现实型）与 S（社会型）。前者重视身体运动、手工操作，排斥语言解决；后者恰恰重视言语技巧与沟通。二是 I（研究型）与 E（管理型）。前者重视思考，反对话语控制或霸权；后者重视行动，视思考为无用的书呆子。调查研究显示，研究型和管理型这两种类型极大程度上受家庭的影响。明显倾向于这两个类型的人，往往是比较富裕家庭的男子。[1] 三是 A（艺术型）与 C（常规型）。前者重视自由创造，反感秩序、组织；后者宁愿服从组织。在 RIASEC 中，只要中间有两个间隔的，就构成相对、排斥甚至敌对关系。

---

[1] Smart, J. C. Life History Influences on Holland Vocational Type Development[R]. Association for the Study of Higher Education Annual Meeting, 1988.

相对或排斥关系对人职类型匹配的意义在于：如果 R 类人格（现实型）的人做 S 类职业（社会型），或者 I 类人格（研究型）的人做 E 类职业（管理型）、A 类人格的人（艺术型）做 C 类职业（常规型），就会陷入"人职不匹配"及由此带来的"入错行"或"四面楚歌"的境地。反之，如果 S（现实型）类人格的人做 R 类职业（社会型），或者 E 类人格（研究型）的人做 I 类职业（管理型）、C 类人格（艺术型）的人做 A 类职业（常规型），同样会痛苦不堪，对个人和工作职场都会带来伤害。不过，偶尔也可能出现互补的例外情况，这是另外的话题。

使用霍兰德量表时，使用者会根据得分统计靠前的三种类型组合，按照得分高低排列。一般会出现比较邻近的关系组合，比如 RIA、SEC、IAS、ECR、SEC 等。由于接受测试者对自己的职业偏好或人格偏好并不明确，因此可能会出现相隔或相斥的关系，比如 RSI、IEA、ACS、SRE、EIC、CAR 等。咨询师会根据三者的得分画出分布图，大体得出测试者的基本倾向。

（二）有关生涯规划的基本训练

无论高考志愿填报还是职业生涯规划，父母最好在日常生活中引导孩子讨论自己的专业或职业倾向。这种日常的非正式讨论虽然不能立刻让孩子确定专业和职业倾向，却可以在不知不觉中捕捉到相关的意向和信息。可以考虑的办法主要有三个：

第一，引导孩子从小建立"长大之后我想做……"的职业意识和人生志向。职业规划和人生志向无高低贵贱之分，但有好坏之别。好的职业规划和人生志向是自食其力的，既实现个人价值又满足社会需要；坏的职业规划和人生志向显示出某种对物质的依赖或对人的依附关系，较少显示出独立人格。

第二，不仅让孩子从小建立"长大之后我想做……"的职业意识和人生志向，而且要引导孩子对感兴趣的某个或某几个职业有真实的、比较完整的了解和理解。了解和理解的标准是：能够比较准确地描述该职业的操作程序、操作技术，以及从事该职业有哪些艰难与欢乐。为了让孩子对某职业有真实的了解和理解，家长可以鼓励孩子研究该职业的历史、内部分工和种类，也可以支持孩子进入现场实地考察或实习体验。

为了让孩子对该职业有更深入的了解，家长可以引导孩子喜爱或崇拜该职业领域的"业界名人"，阅读相关传记，通过传记性的个人生活史体验该职业的艰辛与欢乐。此外，还可以引导孩子把自己喜欢的某个或某几个职业和正在学习的某个学科（指中小学）联系起来，这样不仅可以引导孩子理解中小学某个学科和职业的对应关系或相关性，而且使其理解自己喜欢的某个职业与高等院校或职业中学某个专业的对应关系或相关性。至少，家长需要引导孩子理解自己喜欢的某个职业与高等院校或中等职业学校专业的对应关系或相关性，让孩子不至于将来在面对高考志愿或中考志愿时茫然无绪、手足无措、方寸大乱。

第三，除了让孩子从小建立"长大之后我想做……"的职业意识和人生志向，了解和理解自己感兴趣的职业外，家长还需要引导孩子认识自己。让孩子认识自己的最好方式不是整天陷入"我是谁""我从哪里来""我到哪里去"的玄思之中，而是引导孩子尝试加入感兴趣的某个或几个学生社团，从事社区服务或社会实践，在亲身体验中逐步建立自己的生活情趣和职业倾向。

若家长让孩子真实地"生活在自己的梦想中"（职业生涯规划），他将会主动学习相关的知识和技能。一旦"生活在自己的梦想中"（职业生涯规划），孩子将不仅主动学习相关知识和技能，而且会激发出内在的创造潜能，训练自己的实践能力。所谓知识、创造性思维或实践能力，是孩子建立了强大的生活情趣和人生志向后的副产品。

（三）比较正式的结构化思考

比较正式的讨论和思考至少需要引导孩子考虑以下六个问题。（1）这个学科在大学对应哪些具体的专业或方向？（2）这个学科所对应的大学专业一般开设哪些课程？（3）这个学科所对应的专业将来可以寻找哪些职业？或者说，这个专业有哪些就业方向？（4）与这个学科相关的专业或职业会在哪些地方面临困难？或者说，要学好这个学科或专业，需要具备哪些条件，克服哪些困难？（5）与这个学科相关的专业或职业有哪些欢乐？

（6）这个学科或专业、职业领域有哪些传奇人物？或者说，可以从哪些小说、影视剧、新闻报道看到这些传奇人物故事？以物理学科为例，如果想让孩子喜欢物理学科，可以引导孩子探讨以下六个问题。[1]

1.这个学科在大学大致对应哪些具体的专业或方向？

根据教育部2018年4月颁布的《学位授予和人才培养学科目录》，就读物理学有关专业所取得的学位为理学学位，即理学学士（本科）、理学硕士和理学博士。根据《中华人民共和国学科分类与代码简表》（国家标准GBT 13745-2009），物理学为一级学科，其二级学科包括物理学史、理论物理学、声学、热学、光学、电磁学、无线电物理、电子物理学、凝聚态物理学、等离子体物理学、原子分子物理学、原子核物理学、高能物理学、计算物理学、应用物理学和物理学其他学科。二级学科下，还有更细致的划分，详情可参考相关文献。

选择专业的时候，除了根据国标划分的一、二级学科，还应该考虑学科之间的关联性，从更广义的角度认识物理学专业。与物理学关系密切的一级学科还有力学、航空航天科学技术、核科学技术、电子与通信技术及材料科学等学科。

其中，力学的二级学科有基础力学、固体力学、流体力学、物理力学、生物力学、统计力学、应用力学、爆炸力学、振动与波和流变力学等，与物理学有着密切的联系。物理学也是上述其他学科的重要基础，其二级学科均与物理学有着不同程度的交叉。

不同的学校会根据学科分类的国家标准及自身条件设置相关专业。由于每所大学的学科特色及多学科交叉的迅速发展，不同大学对物理专业的设置可能存在较大差异。若要了解详情，可以访问目标大学的官方网站，进入"招生就业—本科招生"网页模块，查询详细信息。近年来，几乎所有大学都重视招生模块的建设，学生可以很方便地在大学的主页上查找到它的专业

---

[1] 围绕"物理作为一门专业和职业"的问题，我多次采访中山大学物理学博士林少鹏先生。采访之后，我们合作完成"物理作为一门专业和职业"的写作思路和基本内容。由林少鹏博士形成初稿，然后由我作出调整和补充。主体内容由林少鹏博士完成，谨此致谢。

设置和历年招生情况。

2. 这个学科所对应的大学专业一般开设哪些课程？

虽然不同学校设置的物理专业各不相同，但是核心课程大体相同。从北京大学、清华大学、武汉大学、复旦大学和浙江大学等高校的物理专业课程设置来看，本专业的核心课程主要包含五个：（1）普通物理（又称大学物理），包括力学、热学、光学、电磁学、原子物理学；（2）物理实验，包括基础物理实验、近代物理实验；（3）理论物理学（一般称四大力学），包括理论力学、电动力学、热力学与统计物理、量子力学；（4）数学，包括高等数学（微积分）、线性代数与概率统计、数学物理方法（数学是物理学研究的基本工具）；（5）专业物理课程，如固体物理、半导体物理。

普通物理和基础物理实验课程是力学、航空航天、材料科学、核科学技术、化学、电子与通信技术、天文学、地球科学、信息科学和计算机科学技术乃至临床医学等专业的基础必修课。根据各学校的专业特色，还有其他的物理专业课程，详情需要到每所大学物理学院或者物理系的"课程设置"专栏进行了解。

3. 与物理学科相关的专业将来可以从事哪些职业？

物理学专业具有较强的社会适应性，毕业生既可以选择继续深造进而从事基础科学研究，也可以选择在应用物理技术、电子信息技术等领域从事研发工作的能力。典型的就业领域涵盖高校、政府部门、工业、交通、邮电、金融和商业等，从事的工作主要有技术开发、生产和管理。

物理学专业的学生普遍具有良好的数学基础，也有工程技术领域的根基，在专业训练过程中又锻炼了很好的思辨能力和动手能力，因此具有很好的专业发展后劲和可塑性，得到社会各界的普遍认可。物理人在各行各业中也比较容易入门并得心应手。

物理学本科毕业生，一个重要的方向是继续深造读硕士或者博士，有相当一部分人会选择报考公务员或者事业单位，主要考虑与科技相关的岗位，如科技局、专利局等。中小学物理教师也是一个重要的去向。现代电子信息行业发展迅速，竞争激烈，在电子信息行业设备研发、生产管理和营销方面，也需要大量的物理专业人才。比如，华为、中兴、阿里巴巴、百度、腾讯等行业巨头，每年都会在物理学专业中招募大量优秀本科毕业生，进入其研发、管理和营销岗位。类似宝洁这样的日用化工巨头，每年也会招聘大量物理学专业本科生作为管理培训生。社会上大量的电子产品、光学器件、仪器仪表等生产企业，甚至银行、证券等金融行业，也青睐物理学专业的本科毕业生。

4. 与物理学科相关的专业或职业会在哪些地方存在困难？

物理是一门比较难啃的学科，主要体现在以下几点：第一，对物理规律的认识和理解需要较高的逻辑思维能力、想象力和理解力。第二，物理学涉及内容极广，几乎覆盖我们生活的方方面面。从经典的力学、热学、光学、电磁学到原子物理、核物理、固体物理、粒子物理、天体物理、凝聚态物理、激光物理、半导体物理等，形成一个广大的知识领域。第三，物理规律依赖数学语言来描述。每一次物理学的飞跃，都伴随着数学上的巨大进步。比如，微积分与牛顿力学、黎曼几何与相对论、希尔伯特空间与量子力学等，需要掌握高等数学、微分方程、数学物理方法、线性代数、统计学等数学知识，才能很好地用数学工具来描述物理规律。

此外，当代科技发展迅速，与物理相关的行业更是发展迅猛，知识更新快，对物理专业从业者而言，必须有终身学习、不断更新知识的心理准备和行动能力。

5. 物理学科相关的专业或职业有哪些欢乐？

物理作为一门职业的第一个欢乐在于，有助于训练人的动手能力。比如，更换灯泡，修理家电，装配电脑或者安装软件，这些对于物理学专业出身的人来说，处理起来一般都会得心应手。

物理作为一门职业的第二个欢乐在于，有助于从业者形成客观分析、冷静应对和逻辑推理的思维品质。在工作中，主要体现在尊重规则、探寻规律，有较高的工作效率和创造力。

物理专业作为一门职业的第三个欢乐在于，物理学容易给从业者带来创造的愉悦和成就感。物理学是一门源于生活，又贴近生活的学科。基于对物理规律的认识，有助于从业者进入创造和创新的领域。物理学领域的创新成果容易对社会、人类文明构成直接的推动作用。物理学研究是"高大上"的，它承载着人类文明发展的希望。蒸汽机、电动机、发电机和电灯、无线电、原子弹、航天火箭、光纤、集成电路等的发明，都推动着人类文明向前迈进。对相关工作的从业者来说，每一个进步都闪耀着"梦想与光荣"。

6. 物理学科或专业、职业领域有哪些传奇人物？

物理学发展史上，出现过许多传奇人物。欧洲文艺复兴时期，波兰天文学家哥白尼（1473—1543）根据自己的长年观察和计算，完成《天体运行论》，提出日心说，改变了人类对自然的看法。牛顿在总结伽利略、哥白尼等前人工作的基础上，于1687年发表了著名论文《自然定律》，对万有引力和运动三大定律进行描述，奠定了此后三百年物理学的基础。英国物理学家麦克斯韦（1831—1879）建立了著名的"麦克斯韦方程组"，创立了经典电动力学并预言了电磁波的存在。他将电学、磁学和光学统一起来，开创了19世纪物理学发展最辉煌的成果，也是科学史上最神奇的综合。爱因斯坦于20世纪初提出狭义相对论和广义相对论，为核能开发和现代科学奠定了基础。

德国物理学家伦琴于1895年发现X射线，并于1901年获得首次诺贝尔物理学奖，开创了医疗影像的新纪元，极大地提升了人类医疗水平。自1895年以来，与X射线相关的研究已经斩获20余项诺贝尔奖，涵盖物理、化学和医学等领域。剑桥大学卡文迪许实验室的汤姆逊教授在1897年发现电子，开辟了原子物理学发展新方向，从而使人类从电子管、半导体管发展到集成电路，进入微电子科技时代。

1896年，法国物理学家贝克勒尔发现了放射性，人类从此打开原子物理学的大门。X射线、电子和放射性被称为人类揭开微观世界的三大发现，对当代科技的发展有着极大的影响。英国著名物理学家霍金的研究，为人类理解黑洞和宇宙的本源奠定了基础，其著作《时间简史》在全球拥有超过三千万的读者。更有趣的是，能读懂这本薄薄的著作的人并不太多。有关物理学发展历史及杰出人物的更详细资料，可参考《物理学史》。[1]

华人或华裔科学家群体中也有许多物理学方面的杰出人物。杨振宁在20世纪50年代提出非阿贝尔规范场论、杨－巴克斯特方程及和李政道合作提出的弱相互作用中的宇称不守恒定律，在粒子物理学、统计力学和凝聚态物理等领域作出了里程碑式的贡献，被称为爱因斯坦和费米之后20世纪第三位"物理学全才"。

朱棣文在1987—1992年间采用激光冷却技术，获得了接近绝对零度的低温，获得1997年诺贝尔物理学奖。丁肇中于1974年发现J粒子，并获得1976年的诺贝尔物理学奖。

高锟于1966年发表了一篇题为《光频率介质纤维表面波导》的论文，开创性地提出光导纤维在通信上应用的基本原理，于2009年获得诺贝尔物理学奖。如果没有光纤的发明和应用，今天高速的全球互联网是无法实现的。

钱学森在新中国成立之初历经磨难从美国辗转归国，成为中国航天事业的奠基人，将中国导弹、卫星发射及战略核导弹的发展向前推进至少20年。核物理学家钱三强主持中国第一颗原子弹的研制，被称为"中国核弹之父"。中国科学技术大学潘建伟在量子通信方面取得举世瞩目的突破性成就，被誉为"量子之父"。

中国工程院院士马伟明在舰船综合电力系统技术领域取得突破性进展，助力国产航母直接从蒸汽弹射进入高性能电磁弹射装备，极大推进了我国在军事及民用电磁系统领域的发展。地球物理学家黄大年带领团队创造了多项"中国第一"，为中国"巡天探地潜海"填补多项技术空白，为深地资源探测

---

[1] 郭奕玲，沈慧君．物理学史 [M]．北京：清华大学出版社，2005．

和国防安全建设作出突出贡献。

通过一些与物理学相关的电影和电视剧，也可以更好地了解物理人和他们的故事。

英国广播公司（British Broadcasting Corporation，简称BBC）拍过一部电影《爱因斯坦与爱丁顿》。爱丁顿是爱因斯坦相对论的推广者，也是第一位理解爱因斯坦相对论并证明其正确的科学家。电影讲述了1914—1919年间爱丁顿和爱因斯坦两个天才科学家不一样的人生轨迹。爱因斯坦提出了相对论，但是没有证明它的正确性，爱丁顿则向爱因斯坦提出一个关于水星的问题，希望他给出预测。爱因斯坦给出预测，最后爱丁顿证明了爱因斯坦理论的正确性，让爱因斯坦名扬四海。

拍摄于50多年前的《2001太空漫游》（于1968年拍摄）到现在依旧是一部出色的科幻电影。

《十月的天空》讲述了1957年一个矿井小镇的学生霍默在看到苏联成功发射卫星的新闻后开始对火箭着魔，最终通过不懈努力成为美国航空航天局（National Aeronautics and Space Administration，简称NASA）的一名工程师的科学励志故事。

《天使与魔鬼》讲述了秘密兄弟会谋划用一枚威力巨大的炸弹毁灭梵蒂冈的故事。炸弹的爆炸力来自"反物质的毁灭"。继"上帝粒子"玻色子、中微子和引力子之后的里程碑式发现"马约拉纳费米子"，还有另一个美丽的名字叫"天使粒子"，就是源于这部影片。

《粒子狂热》是瑞士日内瓦和美国普林斯顿大学6位全球顶尖量子物理学家耗时七年拍摄的纪录片。影片记录的是一个能"改变世界"的关键性粒子的实验。

《星际穿越》是一部为世人所推崇的经典科幻片，也被誉为"最科学的科幻片"。

《万物理论》从形到神还原了物理学家霍金的第一段恋情。影片中没有特别强调物理学知识，但是对霍金的开创新理论做了科普。

《生活大爆炸》是由马克·森卓斯基执导的美国情景喜剧，于2007年播出。该剧讲述了四个科学家和一个美女的搞笑故事。

有关物理学科学习、研究和工作的小说、电影、新闻报道有很多，可以让孩子自己去寻找、观看，逐步体验物理学习的欢乐。如果父母想让孩子喜欢语文、数学、外语、政治、历史、地理、化学、生物等学科，也可以考虑类似的思路。

如果孩子能够找到生涯规划的感觉，具备文武双全、劳逸结合、通情达理的成长样式，显示出自信、自学和自食其力的发展意向，家庭教育即便不算大功告成，至少可以放手让孩子独立而自由地成长。

附录 家庭教育 100 个信条

1. 影响孩子成绩的主要因素不是学校而是家庭。如果孩子在家里养成了坏身体、坏性格和坏习惯，那么无论学校的校长和教师多么能干，他们也很难改变孩子在学校成为"差生"的命运。

2. 学校的归学校，家庭的归家庭。学校教育往往侧重学生的知识学习，家庭教育侧重培育孩子的身体和性格。学校教育虽然也会影响孩子的身体和性格，但孩子是否身体好、性格好，主要取决于家庭教育。

3. 培育一个贵族需要三代人的努力。但是，高级的教育资源需要父母有高级的教育方法，否则会导致"富不过三代"的家族衰败。

4. 在城市文化中，男子汉气概不仅不能帮助工人或农民的孩子提升个人实力，反而导致孩子难以适应城市文化，无法适应文化学习。

5. 成绩好的孩子，母亲比较有条理、又有趣。有条理且有趣的母亲，比较能养育出成绩好的孩子来。成绩好的孩子，母亲通常是有计划且动作利落的人。

6. 在孩子成长的关键年龄，父母最好亲自陪伴，不要轻易把孩子交给祖父母或保姆。若三代同堂或四代同堂，则老人是宝。如果孩子的父母不在身边，仅仅由老人教育孙子，孩子很可能成为"问题儿童"。

7. 孩子的学习出了问题，根源可能在他的情感或身体上。父母苦口婆心地给孩子讲学习的重要性并责令孩子努力学习，类似园丁把水分和养料直接抛洒给"枯黄的树叶"。

8. 家庭教育是学校教育永远的背景和底色。孩子所接受的遗传因子和家庭教育一直在幕后操纵孩子的学校生活。

9. 孩子的成长有三个关键年龄。三岁前后是发展情感、语感和动感等感觉教育的关键期。九岁前后是发展文武双全、劳逸结合、通情达理等规则教育的关键期。十五岁前后是发展自信、自学和自食其力等理性教育的关键期。

10. 三岁前后的孩子必须跟他的母亲或其他亲人建立情感依恋关系，缺乏情感依恋关系的孩子会变得自闭或走向死亡。

11. 培养孩子独立生活的能力是重要的，但就幼儿来说，过早独立会给孩子的成长带来严重的伤害。无论分床睡觉还是独立做事，都需要保持节奏，不必心急。

12. 外语学习的敏感期也是三岁前后。可以让孩子多看英文版的电影或电视剧。三岁前的孩子可以观看《天线宝宝》。幼儿园或小学低年级孩子可以观看《迪士尼神奇英语》或《狮子王》《玩具总动员》等"迪士尼系列"电影。小学高年级的孩子可以看《哈利·波特》《分歧者》等英文电影。中学生可以看《纸牌屋》《老友记》《白宫风云》《国务卿夫人》等英文电视剧。不过，看电视会给孩子的成长带来视力、睡眠及思维的伤害，即便为了学外语而看录像，也需要有所节制。

13. 人不仅为专业技能而活，也为业余爱好而活。成年人是否过得幸福，既取决于他的专业，也取决于他的业余爱好。而成年人是否有业余爱好，取决于这个人在童年时期是否发展了这些。

14. 最好鼓励孩子在三岁前后就开始训练某一门艺术或运动技能。学习钢琴的最佳起始年龄一般在五岁前后，打乒乓球的敏感期是六岁前后。如果错过敏感期及其关键年龄，孩子学习艺术技能或运动时就会比较困难。

15. 在所有艺术项目中，书法是一个不错的选择，这需要父母有一定的耐心和激励的策略。书法既可以增进孩子的艺术修养，又可以成为考试的技能。从动作的敏感期来看，最好让孩子在小学阶段接受必要的书法艺术训练。

16. 三岁前后的孩子是一个工作狂，父母要保护孩子的劳动热情。孩子的劳动就是他的游戏和工作。

17. 如果让三岁前后的孩子超前学习数学或科学，孩子数学或科学学习的敏感期就会被过早、过度地激活。孩子的数学成绩可能比较出色，但其情感、语感和动感就可能受到压制和破坏。三岁前后的孩子已经具有数学或科学学习的潜能，但有些潜能必须像小树的树根一样隐埋在深处而不能过早地暴露和开发。

18. 父母不要扰乱孩子生长的秩序，不要"干蠢事"。卢梭说："大自然希望儿童在成人以前就要像儿童的样子。如果我们打乱了这个次序，我们就会造成一些早熟的果实。它们长得既不丰满也不甜美，而且很快就会腐烂：我们将造成一些年纪轻轻的博士和老态龙钟的儿童。"

19. 孩子的灵性通过两个途径得到滋养：一是夜晚的深度睡眠，二是白昼的亲近自然。两者一起增进孩子的灵性。在深度睡眠或亲近自然的自然状态中，孩子将接受自然的馈赠，采天地灵气，集日月精华。

20. 孩子三岁前后，家长需要对看电视、玩手机、吃零食三个坏习惯保持必要的警惕。

21. 孩子过多看电视会有"七宗罪"：一是破坏孩子的阅读习惯，二是破坏孩子的睡眠习惯，三是降低孩子的食欲，四是破坏孩子的视力，五是导致孩子性情紊乱，六是导致家庭关系冷漠，七是导致孩子身体反常地瘦弱或臃肿。

22. 要毁掉一个孩子就给他一部手机、iPad或电脑。游戏是重要的，但需要警惕电子游戏。电子游戏借助声光电等科技元素造成的视觉、听觉和心理效果使人的征服感、操控感和暴力倾向等情感欲望被过度激发和开发出来。

23. 不要让孩子吃过多的糖果、巧克力及其他甜食。吃零食会影响孩子的正常食欲，让孩子的身体处于虚假的饱和状态。

24. 为了改变孩子的某些坏习惯，在孩子犯错之后，家长需要守住"外柔内刚"或"和善而坚定"的大原则，采用自然后果惩罚。人可能会怨恨或反抗人为的惩罚，但不会怨恨或反抗自然后果惩罚。

25. 如果孩子犯错，家长既要让孩子接受自然后果的惩罚，又要保护孩子的尊严，让孩子体面地接受失败。

26. 好的生活习惯显示为三个特征：一是狼吞虎咽地吃饭（不是细嚼慢咽）；二是每天一次大便；三是早睡早起。如果睡眠不够，熬夜或昼夜生物钟紊乱，人就会变笨和变丑。

27. 当孩子的玩具坏了，衣服破了，最好邀请孩子修理或修补。孩子小时候养成缝补衣物、修理玩具的习惯，长大之后就学会了"缝补生活"和"修理生活"。不会缝补衣物或修理玩具的孩子，长大之后就无法容忍生活中的任何冲突、障碍或不愉快。小时候不断抛弃旧玩具的生活习惯和成人之后的不断离婚两个现象之间存在某种隐秘的关系。

28. 家长不能无节制地满足孩子的种种欲望。有节制地满足意味着既不完全禁止，也不完全满足，更不会突然剥夺，给孩子缓冲的空间，让孩子有讨价还价的余地，学会选择和妥协。

29. 最高级的炫富，就是教出一个有教养的孩子。值得炫耀的教养就是让九岁前后的孩子文武双全、劳逸结合、通情达理。这个培养目标涉及德、智、体、美、劳、情六个方面，新父母学校将其称为"新六艺教育"。

30. 知识学习是让孩子由野性走向文明，体育特长是让孩子保留身体的野性。完整的说法则是："文明其精神，野蛮其体魄。"

31. 智育的基本目标是让孩子学习两本书：一是纸质之书，二是自然之书。孩子既需要学习生活世界的人情世故，也需要学习书本世界的文字符号，更需要亲近自然世界的植物与动物。

32. 孩子九岁前后，父母最好帮助孩子阅读"三童"和"三史"。"三童"是童诗、童话和儿童绘本。"三史"是成语故事、四大名著和古文运动（含古诗词、《古文观止》和《史记》）。孩子九岁之前可以重点阅读童诗、童话和儿童绘本。九岁之后，最好逐步由虚构的童话故事转向真实的历史故事。

33. 无论书本世界多么重要，它总是低于和弱于自然世界。自然世界比书本世界更大，配称"大自然"。自然世界比生活世界更加开阔。父母需要多带孩子走出"小家"，进入大自然。大自然会带来大智慧。多一些户外活动，孩子就会多一些大智慧。大自然的鸟语花香可以开阔孩子的眼界，让孩子眼光明亮、心智发达。

34. 最好让九岁前后的孩子拥有两项以上的运动特长。人的幸福除了需要基本的文明与教养，还需要强健的身体。西谚曰："健康的乞丐比有病的国王更幸福。"

35. 现代文明导致人类走向家畜化。野生动物一旦成为家畜，其生存能力和生殖能力就会衰退。拯救人类唯一的办法是遵循自然法的原理，保卫人体的自然免疫力，摆脱过度清洁的束缚，使自己和细菌、寄生虫保持共生关系。

36. 跑步或步行之所以对健康是重要的，是因为跑步或步行使人回到了大地，脚是人的第二心脏。

37. 野蛮其体魄的基本前提是少吃药，少吃营养品。生病很正常，任何动物和植物都会生病。生病并不意味着一定要吃药，更不意味着一定要看医生。人体有强大的免疫系统，可以对抗绝大部分疾病（少数疾病例外）。人生病之后，需要的主要是等待而不是吃药。免疫系统和时间能够医治绝大部分疾病。

38. 文武双全的重点在于尚武精神。小康社会尤其需要强化文武双全的意识，让身体运动再次担当教育的大任。就普遍重视知识而轻视身体的现代教育而言，教育改革的重要方向之一就是重视体育，恢复文武双全、文质彬彬的教育古风。"每天锻炼一小时，健康工作五十年，幸福生活一辈子。"

39. 劳动是成长的最佳途径。在德、智、体、美、劳五育之中，劳动教育虽然位列最后，却也最重要。相反，德育虽然位居第一，却是一个空架子，它必须通过劳动教育来实现。劳动可以培养孩子的责任感。只有参与劳动，人才会懂得劳动的艰辛，珍惜劳动成果，并由此成为少抱怨、有责任感的人。

40. 九岁前后是孩子建立规则的关键期，而规则的核心是自食其力："滴自己的汗，吃自己的饭，自己的活自己干。"

41. 父母代替孩子劳动，就是剥夺孩子成长的权利。智慧的父母总是善于在适当的时机，让孩子承担适当的劳动。

42. 如果满足了基本的物质生活之后依然为争名夺利而忙碌，此时的劳动就退化为贪婪。就此而言，忙碌的人是可耻的。

43. 国家的进步，社会的发展，个人的成长，都需要基本的业余爱好和游戏精神。胡适提出了文明社会的三个标准："你要看一个国家的文明，只消考察三件事：第一，看他们怎样待小孩子；第二，看他们怎样待女人；第三，看他们怎样利用闲暇的时间。"这样看来，善于利用闲暇的时间不仅是个人的教养问题，而且事关国家或家庭的整体发展状态。

44. 人固然可以将自己的专业生活与业余生活合二为一，这意味着这个人痴迷自己的专业工作。但是，一般人并不痴迷专业工作。就此而言，没有业余生活的人是不幸的。业余生活最好以艺术与体育特长为核心，而没有任何艺术特长或体育特长的人是不幸的，他们的业余生活很容易被不良嗜好占据。艺术特长与体育特长其实是在与不良嗜好争夺业余生活的空间。

45. 无论理性教育及遵守规则、制定规则多么重要，培养九岁前后孩子的亲情和友情才是教育的关键任务。休谟断言："理性是并且也应该是情感的奴隶。"这个说法尤其适用于对待九岁前后的孩子。健康的理性寓于健康的情感。情感出了问题，理性就会混乱或崩溃。

46. 友情既是亲情的重要补充，也是爱情的前提条件。缺乏友情的亲情终究会流于形式，缺乏友情的爱情也会始乱终弃。

47. 通情达理是人一辈子都需要修炼的教养。它的底线是善于管理情绪，"心中有他人"。民主性格最明显的特征是善于管理自己的情绪，既尊重自己，也包容他人。所谓有教养，就是不让他人感到不舒服。

48. 一个自以为是且脾气暴躁的孩子，往往有一个暴君式的父亲或者母亲。孩子的暴力或戾气往往能在父母的生活习惯中找到根源。

49. 三岁前后的孩子需要适度封闭，不能过早开放，以亲子之间的亲情关系为主为孩子建立一个有安全感的生长环境。但是，九岁前后的孩子需要在亲情的基础上增加社会交往并由此发展友情。因此，为了发展孩子的友情，父母最好鼓励孩子参与必要的同伴交往活动，强化孩子的社会情感学习。

50. 三岁前后需要柔的教育，九岁前后需要增加刚的教育。在孩子三岁前后，母亲的作用大于父亲。但在孩子九岁前后，父亲的作用越来越重要。

51. 成功的家庭教育总是让孩子的身边有一个或几个最喜爱又最敬畏的人。好家长就是让孩子既敬畏又喜欢的那个人。

52. 在放任型家庭中长大的孩子很难与其他人合作或者相处；在民主型家庭中长大的孩子没有决断能力；在权威型家庭中长大的孩子会成为适应能力最强的人，他们能够自己做决定、遵守规则、善于与他人合作。

53. 由于压力较大，九岁前后的孩子容易出现频繁眨眼、咳嗽或发出嗯嗯的怪声、咬指甲等痉挛症或强迫症。父母最好引导孩子适当放松，鼓励孩子参与艺术游戏或体育游戏，在游戏中缓解紧张情绪。父母最好无条件地接受孩子的一切，不要增加紧张情绪，对孩子暂时出现的问题采取彻底无视的态度。

54. 最好让九岁前后的孩子每天都有属于自己的、可以用来"玩"的时间和空间。这个时间和空间属于孩子本人，由孩子自由支配。只学不玩，容易变成笨蛋。孩子每天最好有9个小时左右的睡眠时间和2个小时左右的饮食时间。足够睡眠和饮食之后，孩子可以有每天8个小时的知识学习。其余5个小时左右的时间最好用来让孩子参加感兴趣的运动游戏和艺术游戏。通过艺术游戏和运动游戏来参与同伴的交往活动，推进孩子的社会情感学习。

55. 父母可以让孩子适度放松，但如果没有强大的心理准备，最好不要过于自由和浪漫。自由教育或浪漫教育也许适合精英家庭和精英教育，但对一般家庭并不适合。

56. 先天遗传是重要的。孩子出生之后，他的先天遗传已经确定。姚明长得高，是因为他的爸爸妈妈高，主要不是姚明努力生长的结果。不要以为丑小鸭变成白天鹅是丑小鸭努力学习的结果，真实的原因是：丑小鸭的妈妈生了一个天鹅蛋而不是鸭蛋。也不要恨铁不成钢，铁有铁的用处，钢有钢的用处。每个孩子都有性格优势，也有性格弱点。父母不要急于改变孩子的性格弱点，与其急于改变，不如先坦然接受。

57. 如果孩子比较厚道，做父母的不要嘲笑他。相反，如果孩子喜欢占小便宜，父母最好让他明白，这样的人往往会吃大亏，因为被别人厌恶。愿意吃小亏的人，将来会更成功，因为他被人喜欢。让孩子怀有厚道、乐观、宽容和同情之心与各种人打交道，尤其要学会与小人打交道。"不能与小人打交道的人，便不能成就大业，因为小人是任何事业的必要组成部分。"

58. 如果你的孩子总是宽容他人，请不要嘲笑他软弱。真正的强者是那些有宽容胸怀的人，睚眦必报的人通常是自卑的人。西谚曰：犯错的是人，宽容的是神。《资治通鉴》说：千钧之弩不为鼹鼠发机，万石之钟不以莛撞起音。中国民间的经验是：如果被狗咬了一口，你千万别去咬狗一口。

59. 可以帮助孩子适当改正缺点，弥补某些缺憾，但是在长善救失或扬长补短的过程中，长善比救失更重要，扬长比补短更重要。不要让孩子放弃长项而长时间地、郁郁寡欢地补足短板。特长发展比全面发展更重要。让孩子充分发挥特长和优势，以特长发展带动自己的全面发展。

60. 可以用"书山有路勤为径"鼓励孩子，但不要用"学海无涯苦作舟"恐吓孩子。勤奋是必要的，但不必过于刻苦。在自己感兴趣的地方努力，那是勤奋；在不感兴趣的地方努力，那是刻苦。"千万不要在你没兴趣的领域追求成功，因为你得跟那些真有兴趣的人竞争。没有兴趣，你怎么争得过人家？"

61. 父母宜尊重男孩和女孩性格上的差异，理解男孩的"好动"甚至"好斗"，欣赏女孩的优雅、灵巧和善良。不见得一定要采用所谓"男孩穷养，女孩富养"的办法，出色的父母只是"顺木之天，以致其性"，以不同的方式养育男孩和女孩。

62. 在学业优秀的小学生和中学生中，双性化特质的个体比例最高。双性化并非坏事。为了让孩子有足够的竞争力，父母可以有意识地培养孩子的"双性化"处事风格。"双性化"气质不是让男孩没有男子汉气概、女孩没有淑女风范，而是让男孩在男子汉气概的基础上学会理解和服从，让女孩在淑女风范的基础上学会决断、刚毅。

63. 培养竞争与合作最适宜的地方是家庭。英国哲人培根说："在家庭中，最大或最小的孩子都可能得到优待，唯有居中的子女容易被忘却。但他们却往往是最有出息的。"中国民间的说法是："憨老大，金老二，刁老三。"

64. 九岁前后的孩子可能会有偷窃的倾向。此事无关男女，男孩可能会偷窃，女孩也会。有些孩子的家庭条件很不错，完全可以满足孩子的需要，但孩子依然享受"偷窃"的感觉。有些孩子被人发现、投诉之后，被父母责骂或体罚，依然保持"习惯性偷窃"的坏毛病。孩子若有惯偷的倾向，父母要理解孩子的苦衷。如果孩子已经成为惯偷，家长最好在坚持"不纵容，不姑息，不放弃"的大原则下，让孩子感受到父母对他的爱与信任。

65. 九岁前后尤其是小学低年级的孩子容易做事磨蹭、拖拉、注意力不集中，主要原因是孩子身上的雄性激素没有被激发出来。父母最好带着孩子参加户外活动，增加运动量。有些心理问题只能通过身体的改善获得解决。

66. 十五岁前后的孩子因"肾气盛"而出现第二性征，身体发育接近成熟状态。孩子在十五岁前后是接受理性教育尤其是意志力训练的关键期。

67. 孩子在三岁前后的关键教育是情感、语感和动感三个感性教育；孩子在九岁前后的关键教育是文武双全、劳逸结合、通情达理三个刚柔相济的教育。孩子在十五岁前后的关键教育是在感性教育的基础上，经过刚柔相济的教育，走向比较完整的自信、自学和自食其力的理性教育。理性教育的核心是意志品质。

68. 十五岁前后的三个理性教育其实是九岁前后规则教育的延续和定型。孩子在九岁前后就开始萌芽的文武双全、劳逸结合和通情达理的规则能否获得充分的发展，取决于孩子在十五岁前后是否有足够发达的意志品质及与之相关的自信、自学和自食其力的基本素养。

69. 十五岁前后的孩子正处于性发育接近成熟的青春期，男孩和女孩都会在这个阶段出现第二性征。身体的变化及性的萌芽与觉醒导致孩子更容易出现角色的迷惑、慌乱或自卑倾向。这需要父母尽可能保护孩子的敏感与期望，让孩子参与家庭决策，认可孩子不那么成熟的意见，让孩子亲自尝试，增加成功体验，在尝试错误和成功体验的过程中建立自信、自学和自食其力的独立精神。

70. 业余爱好和兴趣特长是十五岁前后的孩子保持自信的重要凭据。如果孩子在九岁前后已经显示出特长，则可以鼓励他保护和延续特长的前提下跟进其他知识的学习。如果孩子尚未显示出特长，父母可以帮助孩子发现他的特长或优点。如果实在找不出孩子的特长或优点，则说明孩子的发展比较全面、淡定从容。全面发展和淡定从容也是一个优点，或者说，没有特点本身就是一个特点。

71. 父母最好无条件赏识孩子。智慧的父母往往给孩子提供三种赏识：一是关注；二是奖励或表扬；三是信任和委托。表面看来，最强烈的赏识是奖励（或表扬）。实际上，能够发生强烈且持久激励效应的赏识是信任和委托。比如，信任和委托孩子处理家庭事务。

72. 十五岁前后的孩子需要开始接受比较完整的理性教育。理性教育的首要任务是让孩子学会跟权力、权利与权变打交道，既要学会临危不乱而做出理性的决策，又要在自己的权利受到严重侵犯时有基本的维权意识，在处理矛盾冲突时有权衡利弊的经权智慧。现代人将经权智慧称为"原则性与灵活性相结合"。

73. 无论是作出决策还是维护自己的权利，每个人都需要理解并尊重他人的权利，不能让孩子养成自以为是、固执己见、师心自用的坏毛病。自己的自由以不干涉他人的自由为前提。

74. 既然民主是一种生活方式，这就需要父母亲自示范，学会用民主讨论或商谈方式处理家庭冲突及工作矛盾。当父母与孩子发生冲突时，也要学会用讨论或商谈的方式去解决，而不能用"我说了算"的语言暴力或肢体暴力去解决。

75. 十五岁前后的孩子需要建立强大的意向性和意志力，父母最好引导孩子过爱与意志的生活，树立胸有成竹的观念与信念。在爱、意志与信念三者之间，意志起核心作用。

76. 孩子三岁前后需要的情感主要是亲情。九岁前后需要的情感主要是亲情和友情。孩子十五岁前后虽然也需要亲情和友情，但会逐步渴望爱情。早恋是一个人为建构的词语，并没有严格意义上的早恋事实，因为没有人能够给早恋提供一个年龄的界限。

77. 性教育是需要的，但最好以艺术的方式，而不必做成赤裸裸的生理学、生理卫生学或性学课程。在孩子尚未达到性爱的年龄之前，没有必要给孩子过度普及性知识。事实上，不少十五岁前后孩子的性倾向尚未分化，他们可能更愿意跟同性交往。不少孩子要等到十八岁前后，才逐步明确自己的性意识。

78. 父母最好给孩子提供温暖的家庭环境，让孩子有足够的亲情和友情。相比之下，那些生活在夫妻关系混乱、家庭生活异常的孩子更容易发生所谓的早恋。那些在家庭生活中找不到爱的孩子容易性情敏感。如果一个女孩在家庭中享受了足够的父爱，她就不会因为某个男孩轻轻触碰她的头发而发生触电般的兴奋和战栗。如果一个男孩在家庭生活中感受到足够的快乐，他就不会轻易在别的地方寻找慰藉和温暖。

79. 在孩子小的时候就可以带他游览外面的世界，开阔眼界，胸怀天下，积累"一览众山小"的高峰体验。视野开阔的孩子会逐步领会：只有那些有见识的、视野开阔的人才知道什么是美好的事物，只有那些视野狭窄的人在说话或做事时才会容易走极端，只有那些没有见识美好事物或从来不知道何为高贵生活的孩子才会容易发生所谓的早恋。

80. 鼓励孩子旅游的同时，最好让孩子通过阅读和思考形成自己的判断，只有建立在阅读和思考之上的旅游才使人增长见识。否则，旅游就只有一个功效：用来满足傻瓜的好奇心和虚荣心。如爱默生所言，"旅游是傻瓜的天堂"。类似的说法是："由于缺乏自我修养，所以人们便迷信旅游。"

81. 有人从经济学角度讨论孩子恋爱的风险与保险问题：不必小学期间就谈恋爱，因为等到你进入了初中，会发现小学那帮熊孩子完全不配你；也不必初中谈恋爱，因为等到你进入了高中，会发现初中那帮傻乎乎的孩子还是不配你；高中依然没有必要谈恋爱，因为等到你考上了大学或研究生，会发现只有大学或研究生同学才值得你去追求。你不用担心谁适合做恋人，因为中国的考试制度将帮助你把不合格的人淘汰掉，把适合你的人留下来。类似这样的经济学视角虽然显得比较功利，但作为一家之言，尚可参考。

82. 人和人的差异，一个民族和另一个民族的差异，往往显示为意志力的强弱。强大的人并不见得头脑有多么聪明，四肢有多么发达，重要的是，这个人有强大的意志力。如果父母希望培养孩子的竞争力，就需要鼓励孩子养成不服输、不放弃的品格。人既需要与人合作、与自然合作，也需要与人竞争、与自然竞争。一旦进入竞争状态，人就需要意志力。人有时会以智力或体力取胜，但在智力与体力大致相当的前提下，人以意志力取胜。

83. 培育人的意志就是训练人吃苦的精神。"有志者事竟成"的民间智慧几乎可以转换为"生于忧患，死于安乐"的历史智慧。与之相关的建议是：不要让孩子轻易得到他想要的东西，在让孩子获得某个东西之前，最好让他付出相应的努力、等待和代价。

84. 十五岁前后的孩子最好学会以强大的意向性面对人生的种种考试与考验。临近大型考试的前几天，最好让孩子不再埋头做模拟考试题，可以引导孩子通过自编试题的方式增强自己对每个学科的整体掌控感，让孩子由被动的答题者转换为主动的命题者。编制一份高质量的试题，胜过做十份模拟试题。

85. 可以引导孩子把求学的原则和做人的原则适度分开。做人要谦逊、低调甚至谦卑。在与人的交往中，谦虚使人进步，骄傲使人落后。但是，求学要骄傲、自信甚至"自负"。在求学的过程中，骄傲使人进步，谦虚使人落后。

86. 多准备几张自信的照片，最好是一寸和两寸的彩色照片，以便在需要办理准考证时派上用场。照片中的头像是否自信，可以将三个词语作为参考标准：一是趾高气扬；二是指点江山；三是不可一世。

87. 十五岁前后的孩子需要逐步养成强大的自学习惯。学校的老师很重要，但老师终究只是指导者和辅助者，真正有效的学习靠的是学生本人的自学。知识只有经过学习者亲自摸索之后，才有可能构建整体结构。真正有效的学习是独立自学而不是上课认真听讲。上课认真听讲的学生可能暂时成绩不错，有强大自学能力的学生才有可能保持终身学习的习惯而且长期立于不败之地。

88. 语文是可学的，但几乎不可教。语文最好由学生自己整体阅读、整体感受，教师的作用只在于激起和引发学生自学的激情。有效的语文学习往往显示为三个特点：课外自学，整体学习，以写带读。

89. 有效的数学学习往往显示为三个特点：超前学习，整体学习，基于问题解决的学习。

90. 外语学习比较严重的问题是家长和老师总是强迫学生背诵大量的单词和语法。真正有效的英语学习是"听领先"，最好通过看英文影视来提高英语的听说能力，然后辅之以必要的模拟考试训练。

91. 孩子三岁前后，母亲的作用可能大于父亲。孩子九岁前后，父亲的作用可能大于母亲。孩子十五岁前后，父亲和母亲的作用都需要逐步淡化，由指导者逐步转换为孩子成长的守望者，尽可能让孩子亲自决策，自食其力。等到孩子十八岁前后，父母最好退居幕后，成为孩子成长的欣赏者和倾听者。

92. 十五岁前后的孩子往往会与父母发生一些或明或暗的冲突，如会突然变得不听话，可能出现比较严重的自闭或网瘾问题等。父母最好尽可能让孩子自己做决策，把决策的权利还给孩子，让孩子亲自担当，在尝试错误中逐步调整自己的行为。

93. 如果家长能够在孩子三岁前后就开始带领他过远离电视、远离网络的生活，让孩子过古典、自然的生活，那么孩子就永远不会沉迷网络游戏。如果十五岁前后的孩子已经有了比较严重的网瘾，只能让他将自食其力及不严重影响学习生活作为底线。如果孩子越过底线，就只能接受自然后果惩罚而不能由家长提供人为的惩罚。人为的惩罚或会激发人为的反抗。

94. 家长不必过于担心孩子偏科或片面发展。相反，如果孩子对每门学科都平均用力，无所谓喜欢或者不喜欢，这倒是一个问题。如果孩子对语文、数学、外语、政治、历史、地理、物理、化学、生物等所有学科都感兴趣，这当然是一个不错的状态。即便如此，家长也可以有意识地引导孩子逐步在某个学科的学习上花更多的时间和精力。

95. 十五岁前后的孩子最好保持和延续九岁前后甚至三岁前后就开始学习的某些艺术特长或体育特长。一般而言，十五岁前后的孩子很难重新开始学习某项艺术技能或体育技能，因为这个阶段不仅错过了学习艺术技能或体育技能的敏感期，而且可能因为忙于中学的知识学习而无暇顾及业余爱好。

96. 篮球、足球或橄榄球的专业术语往往为"前锋""后卫""门将""射门"等具有攻击性和冒险性的军事术语，运动员所穿的球衣被称为"战袍"，教练被称为"主帅"。这样看来，篮球、足球或橄榄球等体育运动一直在承担军事教育的大任。

97. 如果孩子不愿意跟你谈心事，而你认为孩子的心事太重，需要释放出来，最好带着孩子一起做家务或者出去运动。在做家务、运动的过程中，或者运动之后回家的路上，孩子可能会把心事说出来。不要在孩子情绪低落、心跳缓慢时提出建议。

98. 在考虑自己的职业倾向时，可以运用相关的职业类型倾向测试量表。目前看来，影响较大的职业倾向测试是霍兰德的 RIASEC 职业类型理论。RIASEC 六个字母分别代表六种职业和人格类型：现实型、研究型、艺术型、社会型、管理型、常规型。

99. 十五岁前后孩子的自食其力最终指向高考志愿填报和职业生涯规划。父母可以引导孩子讨论他们的高考志愿和职业规划。高考志愿和职业规划并不要求孩子对自己未来将从事的专业和职业有详细而稳定的设计，因为人生和社会充满大量不确定性因素，绝对的专业和职业规划既不可能，也无必要。高考志愿和职业规划的主要目标是培养孩子的自主规划意识。

100. 如果孩子能够找到生涯规划的感觉，具备文武双全、劳逸结合、通情达理的成长样式，显示出自信、自学和自食其力的发展意向，家庭教育即便不算大功告成，至少可以放手让孩子独立而自由地成长。

后 记

2009 年，我出版《新父母学校》。2012 年，我出版《新父母学校》第二版。2020 年，按照近几年在全国各地所作的家庭教育讲座，我对《新父母学校》的总体框架作了大幅度调整，更新了全书 80% 的内容，最终形成这本新书。

这本书在 2020 年 6 月 1 日正式定稿，这一天正值六一儿童节。根据书稿修订版的核心观点，我以总校长的身份给海珠区第二实验小学教育集团的孩子们写了《致学生的一封信》，表达我的祝贺和期望。

首先，我代表集团向各位表示祝贺，祝六一儿童节快乐！也借此机会，提出几点建议。希望从今天开始，我们集团正式启动教学方式和学习方式的改革。

启动教学方式和学习方式的改革，并不意味着我们以前的教学方式和学习方式都是错误的，而是说，要利用集团已有的教学经验和学习经验，把好的经验推广到集团各个学校、各个课堂。对于各位同学来说，请做好相关准备，让我们一起来做几件事。

第一，每个人在小学六年至少要喜欢并阅读三本以上的名著。低年级的小朋友可以重点阅读童话故事，比如童诗、童话和儿童绘本。高年级的小朋友最好由童话故事转向历史故事，比如成语故事、四大名著和三大古文（古诗词、《古文观止》和《史记》）。有了强大的读书习惯之后，就可以逐步由语文阅读扩展到数学和外语等其他课程的文化学习中来。

第二，每个人至少要掌握除游泳、跑步以外的两项运动技能。游泳和跑步是我们集团每个同学都必须掌握的技能。除游泳和跑步之外，低年级的小朋友可以训练打"小球"，比如乒乓球、羽毛球。高年级的小朋友可以训练打大球，比如篮球、足球、排球。也可以选择跆拳道、击剑、滑冰、毽球、花样跳绳等。希望每个同学都有基本的"尚武"精神。

希望各位动静结合，每天有足够的睡眠和运动。小学低年级的学生每天睡眠10小时左右，小学高年级学生每天睡眠9小时左右，不要以牺牲睡眠为代价追求知识学习上的成功。有足够睡眠之后，才去读书和运动。希望我们集团每个小朋友都做到"文明其精神，野蛮其体魄"：既能够安静地阅读，又能奔跑跳跃；"动如脱兔，静如处子"。这就是我们集团倡导的"文武双全"。

第三，每个人都有做家务的习惯和责任感，把家务劳动作为重要的家庭作业。小学六年级以前要学会独立地做四菜一汤的饭菜，完成"食育"课程的学习。有了家务劳动，再由家务劳动扩展到学校劳动和社区志愿者服务，让我们因劳动而变得有责任感，因劳动而变得身体健康，因劳动而变得善于与他人合作，成为有担当的家庭成员。每个同学都要在劳动中出力流汗。希望各位能够记住我们集团总校歌中的一句话："滴自己的汗，吃自己的饭，自己的事自己干！"

第四，每个同学要有两项以上的艺术特长。艺术特长包括音乐特长和美术特长。音乐可以选择唱歌，弹钢琴，拉小提琴，拉二胡，吹竹笛，吹葫芦丝，吹黑管，吹萨克斯管，跳舞等。我们尤其鼓励小朋友学会跳舞，可以选择蒙古舞、新疆舞、西藏舞或现代街舞。跳舞既是艺术，也是体育。将来，我们各个学校的大课间将会看到身形矫健、喜气洋洋的舞蹈风采。

美术包括书法、绘画、泥塑、根雕等。绘画可以选择国画、油画、版画或漆画等。我们尤其希望各位小朋友从小重视书法训练，包括硬笔书法和毛笔书法。每个小朋友都要写一手漂亮的字。书法既是中国传统艺术，也是考试的基本技能。如果有小朋友在学校不愿意午睡，我们集团鼓励他们在教室里安静地阅读或练习硬笔书法。

我们集团把德育课程作为第一课程，把人格教育作为第一教育，把劳动教育作为德育和人格教育的关键途径。希望各位不做过度依赖他人的寄生虫，要成为自食其力、有独立生活能力的人。我们不仅要有劳动习惯，而且要有艺术特长和体育特长。艺术特长和体育特长可以成为我们的业余爱好。没有业余爱好的人，是不幸的。拥有业余爱好的人，才是真正幸福的人。希望每个小朋友既有自食其力的劳动意识，又有艺术和体育的游戏精神。这就是我们集团倡导的"劳逸结合"。

　　第五，每个同学都要参与家庭决策和班级管理，做有理性、有决策能力的人。通过参与家庭决策和班级管理，理解和遵守道德习俗与法规。每个同学最好跟父母商议，选择或重新制定两项以上的家庭制度，并保证遵守，兑现承诺。如有违反，则甘愿接受相应的惩罚。每个同学应主动担任班级管理职务，成为班级管理中的主人。作为家庭生活和班级生活的参与者、管理者，我们要有理性，不要轻易生气或发怒；要学会商谈，有话好好说，"君子动口，不动手"。有教养的人就是不让他人感到不舒服，希望每个小朋友都成为受人欢迎的人。

　　第六，每个同学都要爱家人，也要有朋友，积极参与朋友组织的聚会或游戏活动。既要有亲情，又要有友情，要利用自己的艺术特长与体育特长参与同伴的游戏活动。

　　我们集团希望每个小朋友都既有礼貌又有活力，逐步学会用商谈而不是暴力的方法处理生活中的矛盾，学会理性地管理情绪。除了理性，也要有感情。既要爱我们的亲人，也要参加必要的同伴交往活动，强化社会情感学习。这就是我们集团倡导的"通情达理"。

　　让我们一起努力，希望每个同学都能成为文武双全、劳逸结合、通情达理的人，并由此让自己成为自信、自学和自食其力的"新儿童"。

　　2020 年 6 月 1 日是个好日子。从今天开始，我们集团正式启动教学方式和学习方式的改革：立足于文武双全、劳逸结合、通情达理的"新六艺"课程，让课堂教学呈现自信、自学和自食其力的新气象。

　　让我们一起行动起来。再次祝各位儿童节快乐！

以上是《致学生的一封信》的完整内容。我借助这封信，表达了对孩子们的期望，也顺便启动海珠区第二实验小学教育集团教学的改革。明眼人可以看得出来，我们的课堂教学改革与家庭教育改革有内在的关联。

本研究得到华东师范大学课程与教学研究所、广州市海珠区第二实验小学教育集团的支持。华东师范大学出版社大夏书系团队为本书的出版做了很多工作。谨此致谢！

刘良华

2020 年 6 月 1 日于广州·芒果屋

图书在版编目（CIP）数据

如何让孩子性格好、身体好、学习好 / 刘良华著 . —上海：华东师范大学出版社，2021
ISBN 978-7-5760-1628-4

Ⅰ . ①如… Ⅱ . ①刘… Ⅲ . ①家庭教育 Ⅳ . ① G78

中国版本图书馆 CIP 数据核字（2021）第 067459 号

大夏书系·家庭教育
如何让孩子性格好、身体好、学习好

著　　者　刘良华
策划编辑　李永梅
责任编辑　任媛媛
责任校对　杨　坤
封面设计　奇文云海·设计顾问

出版发行　华东师范大学出版社
社　　址　上海市中山北路 3663 号　　　邮编　200062
网　　址　www.ecnupress.com.cn
电　　话　021-60821666　　行政传真　021-62572105
客服电话　021-62865537
邮购电话　021-62869887　　　地址　上海市中山北路 3663 号华东师范大学校内先锋路口
网　　店　http://hdsdcbs.tmall.com/

印 刷 者　北京密兴印刷有限公司
开　　本　700×1000　16 开
插　　页　1
印　　张　13
字　　数　185 千字
版　　次　2021 年 6 月第一版
印　　次　2024 年 5 月第四次
印　　数　11 101–12 100
书　　号　ISBN 978-7-5760-1628-4
定　　价　45.00 元

出 版 人　王　焰

（如发现本版图书有印订质量问题，请寄回本社市场部调换或电话 021-62865537 联系）